빠오즈메이의

중국어
메뉴판
마스터

배정현, 양은지 지음·조유리 그림

빠오즈메이包子妹의

중국어
메뉴판
마스터

bs
브레인스토어

저자의/말

튜브 고추장 없이는 중국 여행이 힘든 당신,

메뉴판에 읽을 수 있는 글자라곤 고기 육(肉)뿐인 당신,

중국 여행 내내 볶음밥만 드신 당신에게 이 책을 바칩니다.

빠오즈메이
包子妹

혼밥과 혼술을 즐기는 단벌 공주. 나이는 비밀. 젓가락이 손에 없으면 불안해한다. 평소에는 소심하지만 음식을 먹을 때만큼은 누구보다 적극적이다. 숨은 맛집 검색과 신들린 메뉴 조합이 취미이자 특기. 목표는 모든 중국 요리 맛보기이다.

맛있는 중국 음식을 먹고 싶을 때에는 이 책과 함께 하시고
맛있게 중국 음식을 먹고 난 후에는 저희를 떠올려 주세요.

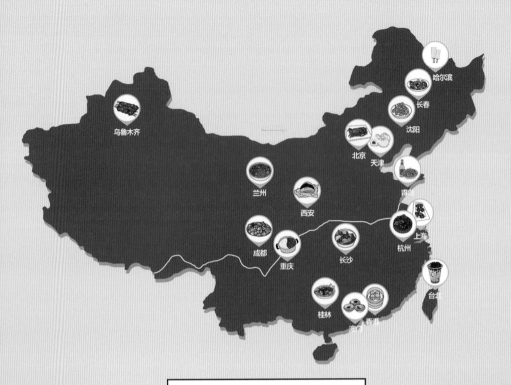

★ 중국 지역별 요리 ★

중국은 화이허(淮河, Huáihé)를 기준으로 크게 북방과 남방으로 구분된다.

북방지역의 주 농작물은 밀이기 때문에 만토우, 빠오즈, 지아오즈 등 밀가루 음식을 주식으로 한다. 또, 목초지가 많아 쇠고기나 양고기 등 육류를 이용한 요리가 발달했다.

남방지역은 쌀로 만든 음식을 주식으로 하여 탕이나 반찬을 함께 먹고, 해산물과 담수어를 이용한 음식이 다양하다.

차 례

저자의 말 004

一 **훠궈** 火锅配菜 ·· **008**
　부록 식사 에티켓과 좌석 배치 ····················· **032**

二 **꼬치** 烧烤串儿 ···································· **040**
　부록 조리방법과 재료의 형태 ····················· **064**

三 **만두** 饺子包子 ····································· **070**
　부록 맛 표현과 식사 도구 ························· **096**

四 **간편식** 街头小吃 ······························· **102**
　부록 소고기 부위 명칭 ··························· **128**

五 **일반식** 家常菜类 ···························· **132**
　부록 돼지고기 부위 명칭 ························· **158**

六 **특별식** 高档菜品 ···························· **164**
　부록 양고기 부위 명칭 ··························· **188**

七 **카페** 饮料甜点 ······························· **196**
　부록 닭고기 부위 명칭 ··························· **220**

실전용 식당 회화 226

二

훠궈 火锅配菜

여기는 충칭.

높은 건물들
붐비는 거리

중국은 역시 어딜 가나
사람이 많구나.

흠~ 그런데 왠지 좀 습해···

배도 무지 고프고!

여기에선 뭘 먹어야 할까?

어라! 훠궈집이다!

*火锅(훠궈): 얇게 썬 고기를 채소 및 각종 재료와 함께 살짝 데쳐 장에 찍어 먹는 음식.

이렇게 습할 땐 매운 음식이 최고지!

그리고 충칭은 훠궈의 본고장이잖아!

一。훠궈(火锅配菜)

가만있어 봐.
뭐꿔는 혼자 먹기 좀 그런가?

1인용 냄비가 있으면
달라고 해야겠다.

1 어서오세요.

欢迎光临。
huānyíngguānglín
(환잉꽝린)

2 몇 분이세요?

您几位?
nín jǐ wèi
(닌 지 웨이)

3 혼자예요.

我一个。
wǒ yí ge
(워 이 거)

이쪽으로 오세요.

这边请。
zhè biān qǐng
(쩌 비엔 칭)

혹시···
시아오구오 있나요?

죄송합니다만,
1인용 냄비는 없습니다.

*小锅(시아오구오): 1인용 냄비.

에잉, 어쩔 수 없군.

드시고 싶은 것
체크하고 불러주세요.

네~

헉! 뭐지? 왜 메뉴판에
사진이 없는 거야?

마치 OMR 답안지 같아.

一。훠궈(火锅配菜)

제일 먼저 구오띠를 골라보자!

*锅底(구오띠): 육수

I	마라탕(맵고얼얼)	málàguō	2	칭탕(담백)	qīngtāngguō

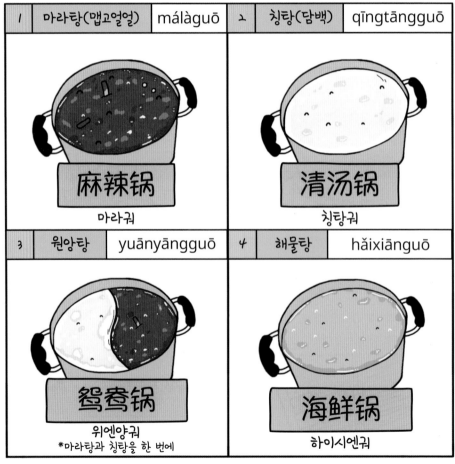

麻辣锅
마라궈

清汤锅
칭탕궈

3	원앙탕	yuānyāngguō	4	해물탕	hǎixiānguō

鸳鸯锅
위엔양궈
*마라탕과 칭탕을 한 번에

海鲜锅
하이시엔궈

5	소고기	niúròu	6	양고기	yángròu

牛肉

니우로우

*肌肉는 살코기 肥肉는 지방이 가미됨.

羊肉

양로우

7	돼지고기	zhūròu	8	소천엽	niúbǎiyè

猪肉

쭈로우

牛百叶

니우바이예

一。훠궈(火锅配菜)

9	배추	báicài	10	청경채	qīngcài

白菜

바이차이

青菜

칭차이

11	쑥갓	tónghāo	12	상추	shēngcài

茼蒿

통하오

生菜

셩차이

| 13 | 고수나물 | xiāngcài | 14 | 시금치 | bōcài |

香菜

샹차이

菠菜

뽀차이

| 15 | 양배추 | juǎnxīncài | 16 | 숙주나물 | lǜdòuyá |

卷心菜

쥐엔신차이

绿豆芽

뤼또우야

| 17 | 팽이버섯 | jīnzhēngū | 18 | 표고버섯 | xiānggū |

金针菇

찐쩐꾸

香菇

시앙꾸

一。훠궈(火锅配菜)

19	느타리버섯	pínggū	20	목이버섯	mù'ěr

平菇

핑꾸

木耳

무얼

21	유부(튀긴두부)	yóuzhádòufǔ	22	냉동두부	dòngdòufu

油炸豆腐

요우쟈또우푸

冻豆腐

똥또우푸

23	건두부	gāndòufu	24	길게 말아 압착한 두부	fǔzhú

干豆腐

깐또우푸

腐竹

푸쥬

| 25 | (슬라이스) 고구마 | dìguāpiàn | 26 | 연근 | lián'ǒu |

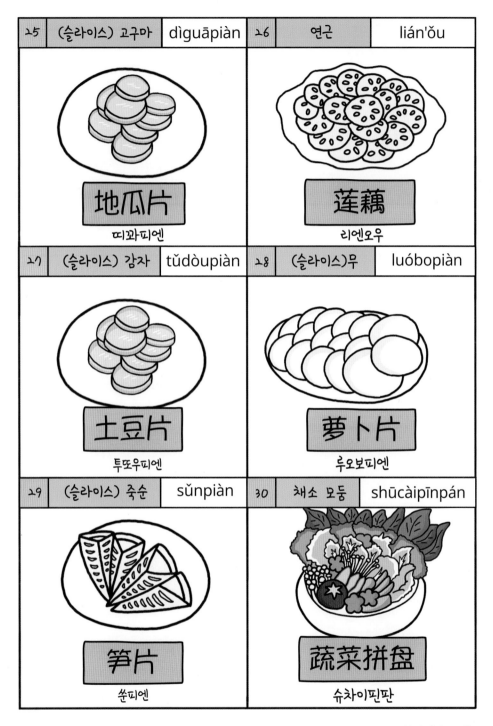

25 (슬라이스) 고구마 — dìguāpiàn
地瓜片
띠꽈피엔

26 연근 — lián'ǒu
莲藕
리엔오우

27 (슬라이스) 감자 — tǔdòupiàn
土豆片
투또우피엔

28 (슬라이스)무 — luóbopiàn
萝卜片
루오보피엔

29 (슬라이스) 죽순 — sǔnpiàn
笋片
쑨피엔

30 채소 모둠 — shūcàipīnpán
蔬菜拼盘
슈차이핀판

해물을 넣으면 국물 맛이 더 깊어지겠지?

| 31 | 새우 | dàxiā | 32 | 오징어 | yóuyú |

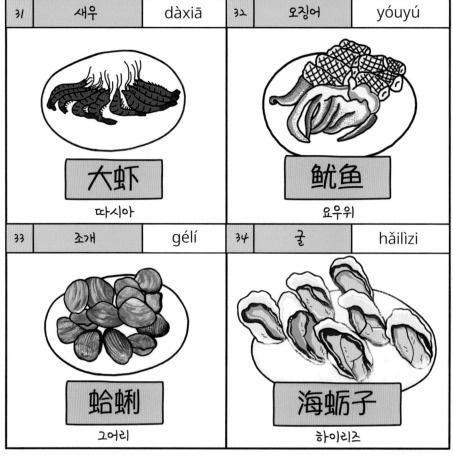

大虾

따시아

鱿鱼

요우위

| 33 | 조개 | gélí | 34 | 굴 | hǎilìzi |

蛤蜊

그어리

海蛎子

하이리즈

새우랑 조개까지 체크하고···

5 여기요~

服务员~
fúwùyuán
(푸우위엔)

이렇게 주세요.

네~

육수 먼저 놔 드릴게요.

오오! 이게 바로 원앙탕이구나!

빨간 국물은 정말 매워 보여.

一。훠궈(火锅配菜)

끓기까지 시간이 좀 걸리니까
소스를 준비해올까나~

그런데 어디에서
가져오는 거지?

저기서 직접 만들어 오는 거구나!

우와~ 소스 종류가
엄청 많네.

오! 소스 황금 비율?

하지만 나는 내 방식대로!

35	참깨소스	zhīmajiàng	36	땅콩소스	huāshēngjiàng

芝麻酱

쯜마지앙

花生酱

화셩지앙

37	참기름	zhīmayóu	38	다진마늘	suànní

芝麻油

쯜마요우

蒜泥

쑤안니

39	고추기름	làyóu	40	해선장	hǎixiānjiàng

辣油

라요우

海鲜酱

하이시엔지앙

一。훠궈(火锅配菜)

참깨소스에, 참기름 조금

마늘 넣고, 고추기름도 조금!

이렇게 하면 나만의 비법 소스 완성!

소스를 가져오니까 야채랑 고기가 나와있네.

마침 육수도 끓기 시작했어. 하나씩 넣어 볼까?

보글

채소는 되도록이면 1분이 넘지 않게!

아··· 혼자 큰 냄비라니 갑자기 부끄럽네···

하지만 난 먹을 때가 가장 예쁜 걸~

흔들

푹

음···

···!!!

맵다!

혀에 감각이 없어!

一。훠궈(火锅配菜)

41	소고기 완자	niúròuwán	42	새우 완자	xiāwán

牛肉丸

니우로우완

虾丸

시아완

43	넓적 당면	kuānfěn	44	가는 당면	fěnsī

宽粉

콴펀

粉丝

펀쓰

45	감자 당면	tǔdòufěn	46	칼국수면	shǒugǎnmiàn

土豆粉

투또우펀

手擀面

쇼우간미엔

완자는 새우완자,
면은 넓적 당면.

이거 더 주세요.

다 넣어!

새우완자가 살살 녹는다.

보글
보글

2분 정도 익혀서~

보글
보글

투명하고 쫄깃한 넓적 당면까지
먹어야 훠궈를 제대로
먹었다고 할 수 있지. 호호.

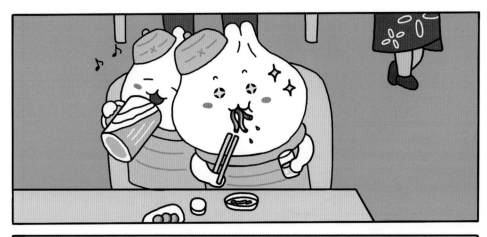

깨끗

깨끗

탁!

아··· 너무 맛있다.

급 걱정

돈 많이 나왔겠지?

一。훠궈(火锅配菜)

6 계산해주세요.

买单。
mǎidān
(마이딴)

7 얼마예요?

多少钱?
duōshaoqián
(뚜오샤오치엔)

138원입니다.

여기요.

먹은 것에 비하면
많이 안 나왔네.

8 다음에 또 오세요.

欢迎下次光临。
huānyíng xià cì guānglín
(환잉 시아 츠 꽝린)

배불러.

먹고 나오니 야경이
참 멋있다.

★ 식사 에티켓 ★

- 탕을 먹을 때는 숟가락을, 면이나 쌀밥을 먹을 때는 젓가락을 사용한다.
- 식사 중에 젓가락을 가로로 걸쳐 놓을 경우 더 이상 식사를 하지 않는다는 뜻이므로, 식사 중에는 접시에 세로로 가지런히 걸쳐 놓는다.
- 음식 위에서 젓가락을 이리저리 움직이지 않는다. (특히 생선 요리는 절대 뒤집지 말 것!)
- 그릇을 손으로 들어 입에 대고 먹는다.
- 주전자 꼭지가 사람을 향하지 않도록 돌려 놓는다.
- 초대한 사람 앞에서 음식을 서로 양보하면 음식 준비가 부족했다는 느낌을 줄 수 있다.

★ 식사 시 좌석 배치 ★

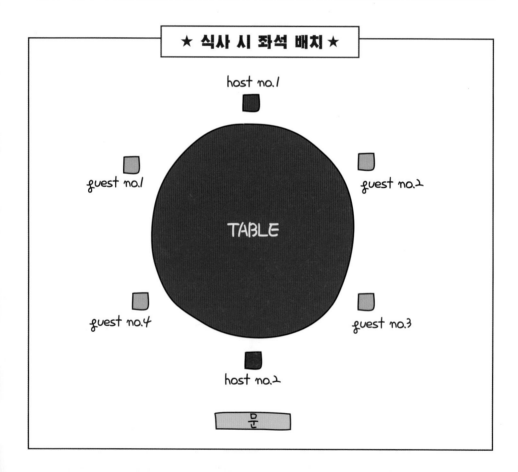

훠궈 火锅配菜

-단어-

1. 마라탕(맵고얼얼) 麻辣锅 [málàguō]

2. 칭탕(담백) 清汤锅 [qīngtāngguō]

3. 원앙탕 鸳鸯锅 [yuānyāngguō]

4. 해물탕 海鲜锅 [hǎixiānguō]

5. 소고기 牛肉 [niúròu]

6. 양고기 羊肉 [yángròu]

7. 돼지고기 猪肉 [zhūròu]

8. 소천엽 牛百叶 [niúbǎiyè]

9. 배추 白菜 [báicài]

10. 청경채 青菜 [qīngcài]

11. 쑥갓 茼蒿 [tónghāo]
_{통 하 오}

12. 상추 生菜 [shēngcài]
_{셩 차 이}

13. 고수나물 香菜 [xiāngcài]
_{샹 차 이}

14. 시금치 菠菜 [bōcài]
_{뽀 차 이}

15. 양배추 卷心菜 [juǎnxīncài]
_{쥐 엔 신 차 이}

16. 숙주나물 绿豆芽 [lǜdòuyá]
_{뤼 또 우 야}

17. 팽이버섯 金针菇 [jīnzhēngū]
_{찐 쩐 꾸}

18. 표고버섯 香菇 [xiānggū]
_{시 앙 꾸}

19. 느타리버섯 平菇 [pínggū]
_{핑 꾸}

20. 목이버섯 木耳 [mù'ěr]
_{무 얼}

21. 유부(튀긴두부) 油炸豆腐 [yóuzhádòufǔ]

22. 냉동두부 冻豆腐 [dòngdòufu]

23. 건두부 干豆腐 [gāndòufu]

24. 길게 말아 압착한 두부 腐竹 [fǔzhú]

25. (슬라이스) 고구마 地瓜片 [dìguāpiàn]

26. 연근 莲藕 [lián'ǒu]

27. (슬라이스) 감자 土豆片 [tǔdòupiàn]

28. (슬라이스) 무 萝卜片 [luóbopiàn]

29. (슬라이스) 죽순 笋片 [sǔnpiàn]

30. 채소 모둠 蔬菜拼盘 [shūcàipīnpán]

31. 새우 大虾 [dàxiā]
따 시 아

32. 오징어 鱿鱼 [yóuyú]
요 우 위

33. 조개 蛤蜊 [géli]
그 어 리

34. 굴 海蛎子 [hǎilìzi]
하 이 리 즈

35. 참깨소스 芝麻酱 [zhīmajiàng]
쯜 마 지 앙

36. 땅콩소스 花生酱 [huāshēngjiàng]
화 성 지 앙

37. 참기름 芝麻油 [zhīmayó]
쯜 마 요 우

38. 다진마늘 蒜泥 [suànní]
쑤 안 니

39. 고추기름 辣油 [làyóu]
라 요 우

40. 해선장 海鲜酱 [hǎixiānjiàng]
하이시엔지앙

41. 소고기 완자 牛肉丸 [niúròuwán]
<small>니우로우완</small>

42. 새우 완자 虾丸 [xiāwán]
<small>시아완</small>

43. 넓적 당면 宽粉 [kuānfěn]
<small>콴펀</small>

44. 가는 당면 粉丝 [fěnsī]
<small>펀쓰</small>

45. 감자 당면 土豆粉 [tǔdòufěn]
<small>투또우펀</small>

46. 칼국수면 手擀面 [shǒugǎnmiàn]
<small>쇼우간미엔</small>

단
어

三 丛刃 烧烤串儿

여기는 베이징.

오호, 말로만 듣던 베이징 거리!

우와~

정말 특이한 게 많다.

아니, 이건!

둥

두둥

둥

으아~ 아무리 먹는 게 좋아도

오늘은 모험을 하고 싶지 않아.

가만 보니 외국인들만 호기심에 먹는 것 같아.

로컬들이 즐겨 먹는 꼬치를 먹고 싶은데···

어디 보자~

二。 꼬치(烧烤串儿)

저기다!

北京串店

치익

*串ㄦ(추알): 불에 구워 먹는 꼬치

환잉꽝린~
어서 오세요~

9 메뉴판 좀 주세요.

请给我菜单。
qǐng gěi wǒ càidān
(칭 게이 워 차이딴)

엉차

침착하게 골라보자.

1	양고기	yángròu	2	소고기	niúròu

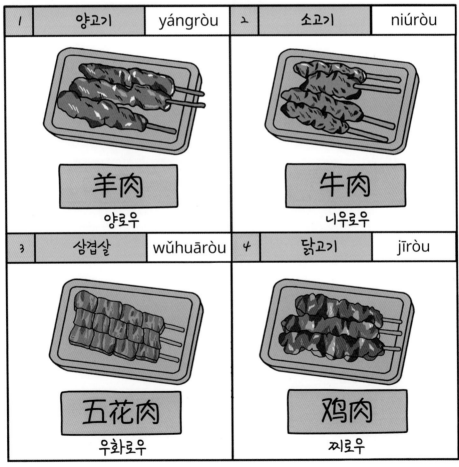

羊肉

양로우

牛肉

니우로우

3	삼겹살	wǔhuāròu	4	닭고기	jīròu

五花肉

우화로우

鸡肉

찌로우

二。꼬치(烧烤串儿)

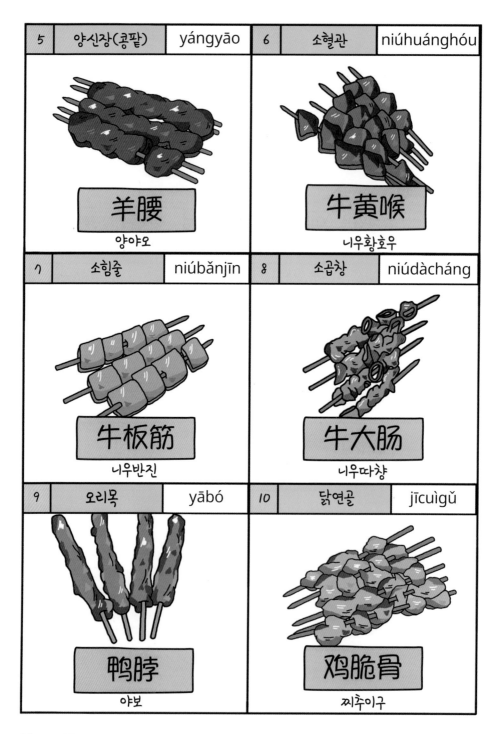

5	양신장(콩팥)	yángyāo	6	소혈관	niúhuánghóu

羊腰

양야오

牛黄喉

니우황호우

7	소힘줄	niúbǎnjīn	8	소곱창	niúdàcháng

牛板筋

니우반진

牛大肠

니우따챵

9	오리목	yābó	10	닭연골	jīcuìgǔ

鸭脖

야보

鸡脆骨

찌추이구

11	닭똥집	jīzhēn	12	닭껍질	jīpí

鸡胗

찌쪈

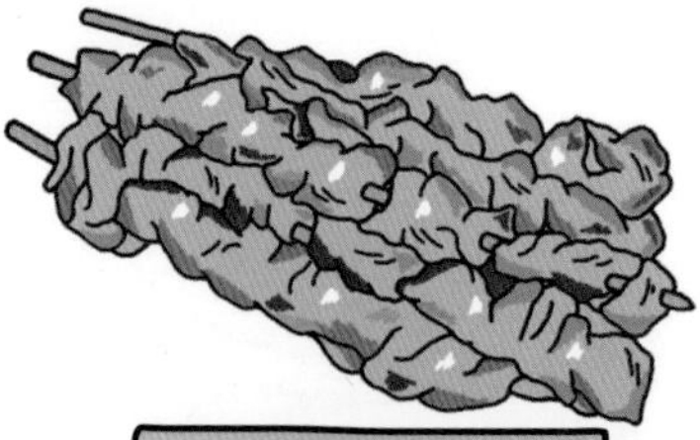

鸡皮

찌피

13	닭염통(심장)	jīxīn	14	닭날개	jīchì

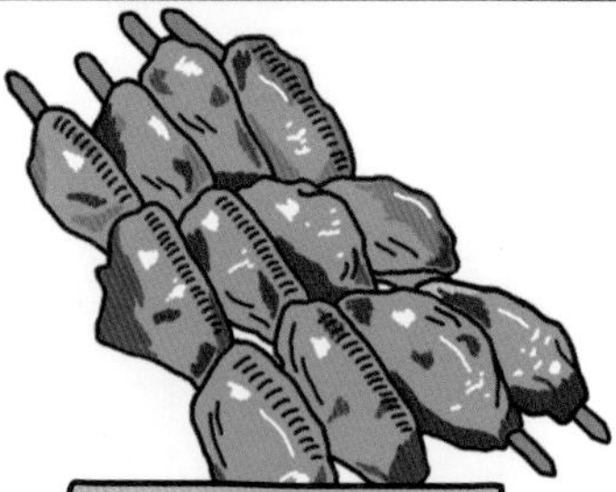

鸡心

찌신

鸡翅

찌츨

15	돼지오돌뼈	yuèyágú	16	매운돼지껍데기	làzhūpí

月牙骨

위에야구

辣猪皮

라쮸피

양꼬치랑 소힘줄에···

노릇노릇 닭날개도 하나 시키자!

아차, 고기만 먹으면 심심하니까
야채 구이도 좀 시켜야지.

17	부추	jiǔcài	18	마늘	dàsuàn

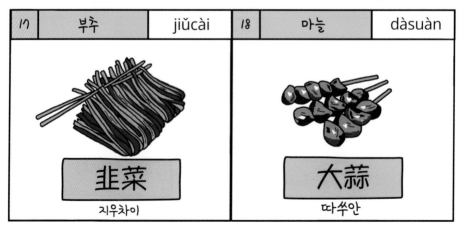

韭菜

지우차이

大蒜

따쑤안

19	애배추	wáwacài	20	피망	qīngjiāo

娃娃菜

와와차이

青椒

칭지아오

21	가지	qiézi	22	옥수수	yùmǐ

茄子

치에즈

玉米

위미

23	유맥채	yóumàicài	24	컬리플라워	huācài

油麦菜

요우마이차이

花菜

화차이

二。꼬치(烧烤串儿)

| ᆫᄀ | 설화 맥주 | xuěhuā píjiǔ | ᆫ8 | 합이빈 맥주 | hāěrbīn píjiǔ |

雪花啤酒
쉬에화피지우

哈尔滨啤酒
하얼빈피지우

| ᆫ9 | 연경 맥주 | yānjīng píjiǔ |

燕京啤酒
옌징피지우

북경에 왔으니
옌징 맥주 고고!

[ᆫᆫ] 맥주 한 병 주세요. 시원한 것으로요!

来一瓶啤酒，冰的！
lái yì píng píjiǔ bīngde
(라이 이 핑 피지우, 삥더)

*冰的(삥더): 시원한 것, 중국은 맥주를 상온에서
보관하므로 시원한 맥주를 마시고 싶다면 '삥더'를 외칠 것!

二。꼬치(烧烤串儿)

맥주가 먼저 나왔네.

한 잔 마셔볼까.

캬~

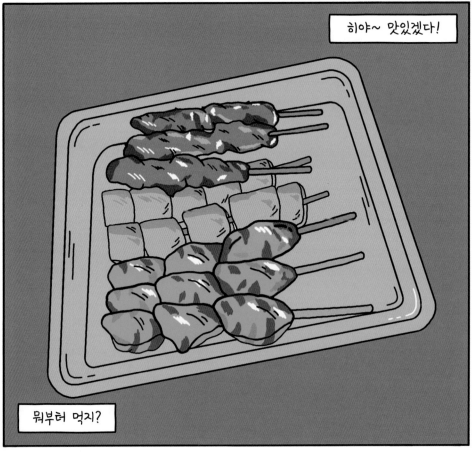

히야~ 맛있겠다!

뭐부터 먹지?

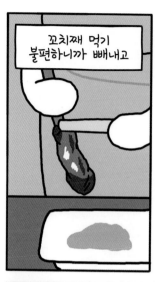

꼬치째 먹기
불편하니까 빼내고

양념을 팍팍 묻혀서

*쯔란(孜然)에
고춧가루, 후추, 깨소금
등을 섞어 만든 양념.

앙

씹는 순간 입안에
퍼지는 양고기의 향.

잡내는 없어
향긋하다.

겉은 바삭하고
속은 촉촉해!

맥주와 환상의 짝꿍이야.

二。꼬치(烧烤串儿)

캬~

연경 맥주도 양꼬치랑
잘 어울리네!

이번엔 힘줄을
먹어볼까?

냠

쫄깃쫄깃!
특이한 식감이다.

우물

우물

씹을수록 고소해.

二。꼬치(烧烤串儿)

어라, 벌써 다 먹어가네.

좀 더 시켜야겠어!

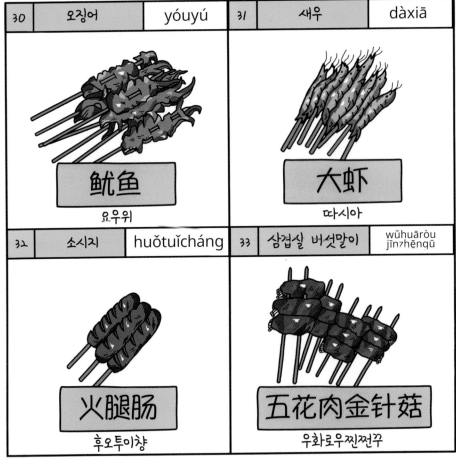

30	오징어	yóuyú

鱿鱼

요우위

31	새우	dàxiā

大虾

따시아

32	소시지	huǒtuǐcháng

火腿肠

후오투이챵

33	삼겹살 버섯말이	wǔhuāròu jīnzhēngū

五花肉金针菇

우화로우찐쩐꾸

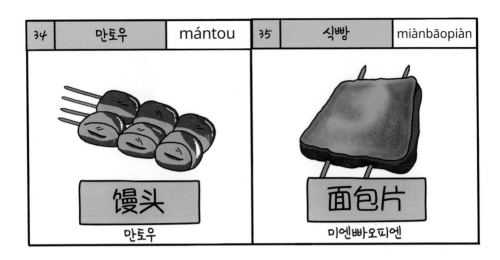

34	만토우	mántou	35	식빵	miànbāopiàn

馒头

만토우

面包片

미엔빠오피엔

만토우를 에피타이저로 먹었으면 딱 좋았을 텐데.

*馒头(만토우): 소가 없이 밀가루만 발효시켜 만든 찐빵.

二。 꼬치(烧烤串儿)

마지막으로 한번만 더 시켜야지.

13 사장님~

老板~
lǎobǎn
(라오반)

14 맥주 한 병 더 주세요.

再来一瓶啤酒。
zài lái yì píng píjiǔ
(짜이 라이 이 핑 피지우)

만토우랑 새우도요~

네~

이 집 꼬치 정말 맛있는 것 같아.

오옷, 새우가 엄청 잘 구워진 것 같은데.

구운 거니까 껍질째로 먹어 봐야지.

바삭

음~ 맛있어!

이 만토우는 어떨까?

二。 꼬치(烧烤串儿)

| 36 | 바지락볶음 | jiāngcōng chǎohuāgé | 37 | 매콤가재볶음 | málàlóngxiā |

36 바지락볶음 / jiāngcōng chǎohuāgé

姜葱炒花蛤

찌앙총챠오화그어
*칭다오에서는 '까라'라고 부름.

37 매콤가재볶음 / málàlóngxiā

麻辣龙虾

마라롱시아

38 가리비구이 / kǎoshànbèi

烤扇贝

카오샨뻬이

39 굴구이 / kǎoshēngháo

烤生蚝

카오성하오

다음에 친구들과
와서 다 ~
먹어봐야지!

왠지 저 음식들이
꼬치 맛을 더 좋게
해줄 것 같아.

二。꼬치(烧烤串儿)

★ 조리 방법 ★

炒	烤	炸	炖/煮
chǎo (챠오)	kǎo (카오)	zhá (쟈)	dùn (뚠) / zhǔ (쥬)
볶다	굽다	튀기다	삶다

蒸	拌	泡	煎
zhēng (쩡)	bàn (빤)	pào (파오)	jiān (찌엔)
찌다	무치다	절이다	지지다

★ 재료의 형태 ★

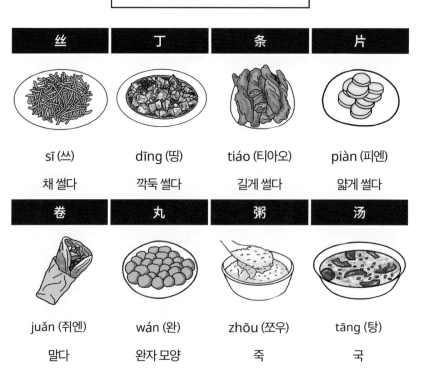

丝	丁	条	片
sī (쓰)	dīng (띵)	tiáo (티아오)	piàn (피엔)
채 썰다	깍둑 썰다	길게 썰다	얇게 썰다

卷	丸	粥	汤
juǎn (쥐엔)	wán (완)	zhōu (쪼우)	tāng (탕)
말다	완자 모양	죽	국

꼬치 烧烤串儿

-단어-

1. 양고기 ^{양 로 우}羊肉 [yángròu]

2. 소고기 ^{니우로우}牛肉 [niúròu]

3. 삼겹살 ^{우 화 로 우}五花肉 [wǔhuāròu]

4. 닭고기 ^{찌 로 우}鸡肉 [jīròu]

5. 양신장(콩팥) ^{양 야 오}羊腰 [yángyāo]

6. 소혈관 ^{니 우 황 호 우}牛黄喉 [niúhuánghóu]

7. 소힘줄 ^{니 우 반 진}牛板筋 [niúbǎnjīn]

8. 소곱창 ^{니 우 따 창}牛大肠 [niúdàcháng]

9. 오리목 ^{야 보}鸭脖 [yābó]

10. 닭연골 ^{찌 추 이 구}鸡脆骨 [jīcuìgǔ]

11. 닭똥집 鸡胗 [jīzhēn]

12. 닭껍질 鸡皮 [jīpí]

13. 닭염통(심장) 鸡心 [jīxīn]

14. 닭날개 鸡翅 [jīchì]

15. 돼지오돌뼈 月牙骨 [yuèyágú]

16. 매운돼지껍데기 辣猪皮 [làzhūpí]

17. 부추 韭菜 [jiǔcài]

18. 마늘 大蒜 [dàsuàn]

19. 애배추 娃娃菜 [wáwacài]

20. 피망 青椒 [qīngjiāo]

단
어

21. 가지 茄子 [qiézi]

22. 옥수수 玉米 [yùmǐ]

23. 유맥채 油麦菜 [yóumàicài]

24. 컬리플라워 花菜 [huācài]

25. 청도 맥주 青岛啤酒 [qīngdǎo píjiǔ]

26. 순생 맥주 纯生啤酒 [chúnshēng píjiǔ]

27. 설화 맥주 雪花啤酒 [xuěhuā píjiǔ]

28. 합이빈 맥주 哈尔滨啤酒 [hāěrbīn píjiǔ]

29. 연경 맥주 燕京啤酒 [yānjīng píjiǔ]

30. 오징어 鱿鱼 [yóuyú]

31. 새우 大虾 [dàxiā]
_{따 시 아}

32. 소시지 火腿肠 [huǒtuǐcháng]
_{후 오 투 이 챵}

33. 삼겹살 버섯말이 五花肉金针菇 [wǔhuāròu jīnzhēngū]
_{우 화 로 우 찐 쩐 꾸}

34. 만토우 馒头 [mántou]
_{만 토 우}

35. 식빵 面包片 [miànbāopiàn]
_{미엔빠오피엔}

36. 바지락볶음 姜葱炒花蛤 [jiāngcōng chǎo huāgé]
_{찌 앙 총 챠 오 화 그 어}

37. 매콤가재볶음 麻辣龙虾 [málà lóngxiā]
_{마 라 롱 시 아}

38. 가리비구이 烤扇贝 [kǎo shànbèi]
_{카 오 샨 뻬 이}

39. 굴구이 烤生蚝 [kǎo shēngháo]
_{카 오 성 하 오}

단어

三

만두 饺子包子

호오.. 저거다!

그런데, 중국 만두는 종류가 어마어마하다는데

어디서부터 시작해야 하는 거야?

三。만두(饺子包子)

중국만두 간단소개

지아오즈 饺子

우리가 '만두', '교자'라고 부르는 일반적인
형태의 만두. 피가 얇고 한 입에 먹을 수 있을
정도로 작다. 주로 삶아서 요리하기 때문에 보통
물만두 (水饺) 라고 부른다.

빠오즈 包子

(소가 든)만두, 찐빵
발효시켜 만든 밀가루 피에
고기나 채소, 팥 등의 소를 넣고 찐 것.
왕만두의 형태가 가장 비슷하다.

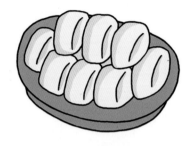

만토우 馒头

소가 없는 찐빵.
밀가루 반죽을 두툼하게 해
쌀밥 대신 주식으로 먹는 밀가루 빵.
한국의 '꽃빵'도 만토우의 일종이다.

디엔신 点心(點心)

광둥식 만두.

点心은 마음에 점을 찍는다는 뜻으로 '간식, 요기하다' 의 의미로도 사용.
원래 아침과 저녁 중간에 간단히 먹던 음식이었으나 현재 어느 때나
간편히 맛볼 수 있는 음식이 되었다.

대표적으로 샤오롱빠오(小笼包)와 샤오마이(烧卖), 챵펀(肠粉)이 있다

접시에 나오는 건 一份(이펀)으로 주문,
찜통에 나오는 건 一屉(이티)로 주문,
탕으로 나오는 건 一碗(이완)으로 주문해 보자.

三。만두(饺子包子)

뭐부터 먹어볼까?

앗! 지아오즈 집 발견!

만두를 시켜볼까~

1	물교자(물만두)	shuǐjiǎo	2	찐교자(찐만두)	zhēngjiǎo

1	물교자(물만두)	shuǐjiǎo
	水饺	
	슈이지아오	

2	찐교자(찐만두)	zhēngjiǎo
	蒸饺	
	쩡지아오	

3	지짐교자(군만두)	jiānjiǎo
	煎饺	
	찌엔지아오	

4	빙화교자	bīnghuājiǎo
	冰花饺	
	삥화지아오	

만두에서 중요한 것은 시엔!

*馅(시엔): 만두소

三。만두(饺子包子)

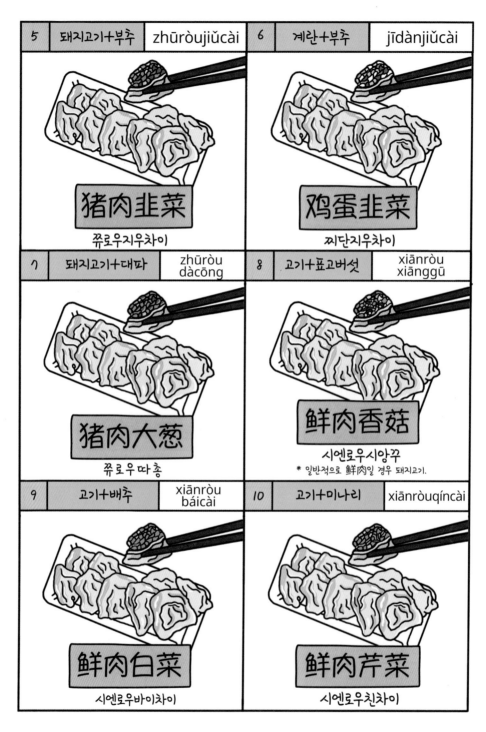

5	돼지고기+부추	zhūròujiǔcài

猪肉韭菜

쮸로우지우차이

6	계란+부추	jīdànjiǔcài

鸡蛋韭菜

찌단지우차이

7	돼지고기+대파	zhūròu dàcōng

猪肉大葱

쮸로우따총

8	고기+표고버섯	xiānròu xiānggū

鲜肉香菇

시엔로우시앙꾸

* 일반적으로 鲜肉일 경우 돼지고기.

9	고기+배추	xiānròu báicài

鲜肉白菜

시엔로우바이차이

10	고기+미나리	xiānròuqíncài

鲜肉芹菜

시엔로우친차이

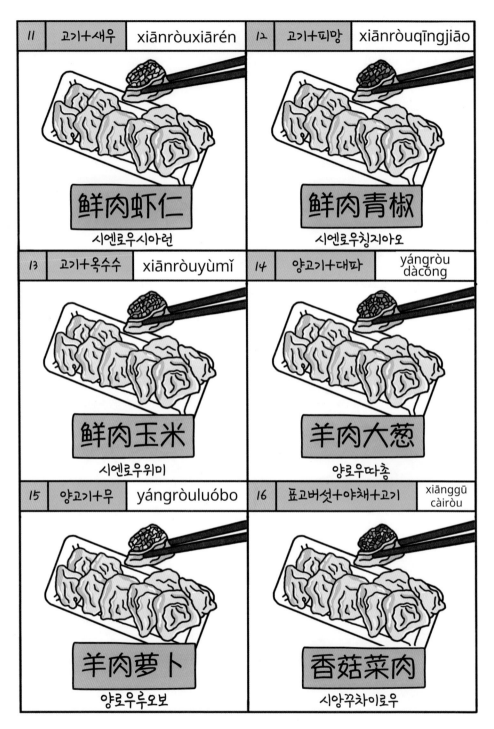

| 11 | 고기+새우 | xiānròuxiārén | 12 | 고기+피망 | xiānròuqīngjiāo |

鮮肉虾仁

시엔로우시아런

鮮肉青椒

시엔로우칭지아오

| 13 | 고기+옥수수 | xiānròuyùmǐ | 14 | 양고기+대파 | yángròu dàcōng |

鮮肉玉米

시엔로우위미

羊肉大葱

양로우따총

| 15 | 양고기+무 | yángròuluóbo | 16 | 표고버섯+야채+고기 | xiānggū càiròu |

羊肉萝卜

양로우루오보

香菇菜肉

시앙꾸차이로우

三。만두(饺子包子)

근데 저 선풍기는
언제 닦은 걸까?

아차차.

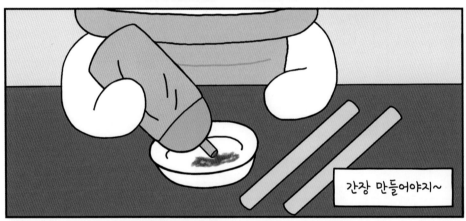

간장 만들어야지~

간장, 식초, 고추기름
몽땅 넣고~

18 준비 완료!

准备好了！
zhǔnbèi hǎo le
(준뻬이 하오 러)

三。만두(饺子包子)

왜 이렇게 오래 걸리나 했더니

주문을 받자마자
바로 빚어서 주는 거구나.

饺子现包才好吃

*饺子现包才好吃
(지아오즈 시엔 빠오 차이 하오츨):
만두는 즉시 빚어야 제 맛.

맛있는 만두를 위해서라면
기다릴 수 있어.

툭

와! 드디어 나왔다.

19   맛있겠다~

好香啊~
hǎo xiāng a
(하오 시앙 아)

냠

물만두라 그런지
부드럽게 넘어가네.

아유~ 잘 먹었다.

잘 먹었습니다~

하지만 배가 부르지 않은 걸···

三。만두(饺子包子)

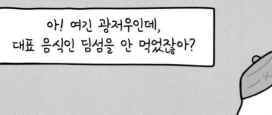

아! 여긴 광저우인데,
대표 음식인 딤섬을 안 먹었잖아?

어서 딤섬 집을 찾자!

저기다 저기!

사람이 많아서 한참
기다려야 하네···

그0분 정도요.

그0 얼마나 기다려야 해요?

要等多久?
yào děng duōjiǔ
(야오 덩 뚜오지우)

기다리는 동안 메뉴를 보면
시간이 절약되지!

I7	소룡포	xiǎolóngbāo	I8	게살소룡포	xièròu xiǎolóngbāo
	小笼包			蟹肉小笼包	
	샤오룽빠오			시에로우샤오룽빠오	

三。만두(饺子包子)

19	새우살소룡포	xiārén xiǎolóngbāo	20	닭고기소룡포	jīròu xiǎolóngbāo

虾仁小笼包
시아런샤오롱빠오

鸡肉小笼包
찌로우샤오롱빠오

21	샤오마이	shāomài	22	새우교자(하가우)	xiājiǎo

烧卖
샤오마이

虾饺
시아지아오

23	바비큐 찐빵	chāshāobāo	24	찹쌀피 전병	chángfěn

叉烧包
챠샤오빠오

肠粉
챵펀

三。 만두(饺子包子)

새우샤오롱빠오, 게살샤오롱빠오!

딤섬··· 예전부터
꼭 한번 먹어보고 싶었어.

두근

나왔다!

냠

앗 뜨거워!

太烫了!
tài tàng le
(타이 탕 러)

아··· 샤오롱빠오 즙이
엄청나다는 걸 깜빡했어.

그나저나 이 생강채는
왜 있는 거지?

푸우위엔~

이거 어떻게 먹는 거예요?

这个怎么吃?
zhè ge zěnme chī
(쩌 거 전머 츨)

三。만두(饺子包子)

네, 손님 알려드릴게요.

생강채에 간장을 조금 붓고,

젓가락으로 샤오롱빠오를 집어 간장에 잠시 담갔다가

살짝

숟가락에 살포시 얹고

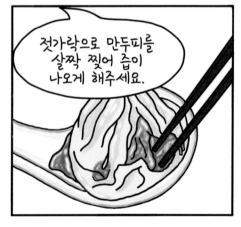

젓가락으로 만두피를 살짝 찢어 즙이 나오게 해주세요.

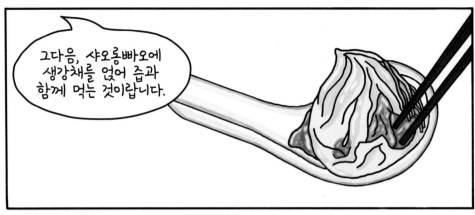

그다음, 샤오롱빠오에 생강채를 얹어 즙과 함께 먹는 것이랍니다.

냠냠

ㄱㅎ 감사합니다. 정말 감사해요.

谢谢，多谢。
xièxie duōxiè
(씨에씨에 뚜오씨에)

꺄~ 이거지!

즙은 진하고 샤오롱빠오는 부드러워.

三。만두(饺子包子)

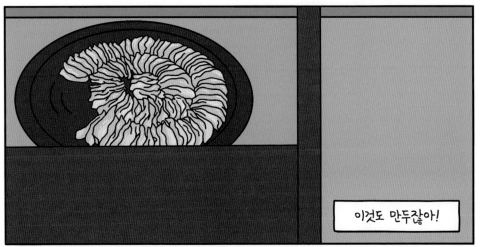

이것도 만두잖아!

구오티에예요.

*锅贴(구오티에) :
중국식 구운 만두.
생교자를 놓은 뒤 기름을
두르고 물과 식초를 넣어
뚜껑을 덮고 익힌다.

이거 뭐예요?

우와~
10개 주세요!

三。만두(饺子包子)

24

여기서 드세요, 아니면 가져가세요?

在这/儿吃还是带走？
zài zhèr chī háishi dàizǒu
(짜이 쩔 츠 하이슬 따이조우)

가져갈게요!

이것도 맛있다!

★ 맛 표현 ★

甜	酸	辣	麻
tián (티엔)	suān (쑤안)	là (라)	má (마)
달다	시다	맵다	얼얼하게 매운 맛

淡	咸	苦	油腻
dàn (딴)	xián (시엔)	kǔ (쿠)	yóunì (요우니)
싱겁다	짜다	쓰다	기름지다

★ 식사 도구 ★

勺子	筷子	叉子	刀
sháozi (샤오즈)	kuàizi (콰이즈)	chāzi (챠즈)	dāo (따오)
숟가락	젓가락	포크	나이프

碟子	碗	杯子	餐巾纸
diézi (디에즈)	wǎn (완)	bēizi (뻬이즈)	cānjīnzhǐ (찬진즐)
접시	그릇, 사발	컵	종이 냅킨

만두 饺子包子

-단어-

1. 물교자(물만두) 水饺 ^{슈이지아오} [shuǐjiǎo]

2. 찐교자(찐만두) 蒸饺 ^{쩽지아오} [zhēngjiǎo]

3. 지짐교자(군만두) 煎饺 ^{찌엔지아오} [jiānjiǎo]

4. 빙화교자 冰花饺 ^{뼁 화 지 아 오} [bīnghuājiǎo]

5. 부추+돼지고기 猪肉韭菜 ^{쮸 로 우 지 우 차 이} [zhūròujiǔcài]

6. 부추+계란 鸡蛋韭菜 ^{찌 단 지 우 차 이} [jīdànjiǔcài]

7. 돼지고기+대파 猪肉大葱 ^{쮸 로 우 따 총} [zhūròudàcōng]

8. 고기+표고버섯 鲜肉香菇 ^{시 엔 로 우 시 앙 꾸} [xiānròuxiānggū]

9. 고기+배추 鲜肉白菜 ^{시 엔 로 우 바 이 차 이} [xiānròubáicài]

10. 고기+미나리 鲜肉芹菜 ^{시 엔 로 우 친 차 이} [xiānròuqíncài]

11. 고기+새우 ^{시엔로우시아런} 鮮肉虾仁 [xiānròuxiārén]

12. 고기+피망 ^{시엔로우칭지아오} 鮮肉青椒 [xiānròuqīngjiāo]

13. 고기+옥수수 ^{시엔로우위미} 鮮肉玉米 [xiānròuyùmǐ]

14. 양고기+대파 ^{양로우따총} 羊肉大葱 [yángròudàcōng]

15. 양고기+무 ^{양로우루오보} 羊肉萝卜 [yángròuluóbo]

16. 표고버섯+야채+고기 ^{시앙꾸차이로우} 香菇菜肉 [xiānggūcàiròu]

17. 소롱포 ^{샤오롱빠오} 小笼包 [xiǎolóngbāo]

18. 게살소롱포 ^{시에로우샤오롱빠오} 蟹肉小笼包 [xièròuxiǎolóngbāo]

19. 새우살소롱포 ^{시아런샤오롱빠오} 虾仁小笼包 [xiārénxiǎolóngbāo]

20. 닭고기소롱포 ^{찌로우샤오롱빠오} 鸡肉小笼包 [jīròuxiǎolóngbāo]

단어

21. 샤오마이 烧卖 [shāomài]

22. 새우교자(하가우) 虾饺 [xiājiǎo]

23. 바비큐 찐빵 叉烧包 [chāshāobāo]

24. 찹쌀피 전병 肠粉 [chángfěn]

단어

四

간편식 街头小吃

여기는 시안.

꼬르륵

끼니를 놓쳤더니

25 배고파 죽겠다.

饿死了。
è sǐ le
(으어 쓰 러)

큰 식당은 안 보이고,

작은 노점상만 잔뜩 있네.

힝... 다 맛있어 보여.

급한 대로 배부러 채우자.

四。간편식(街头小吃)

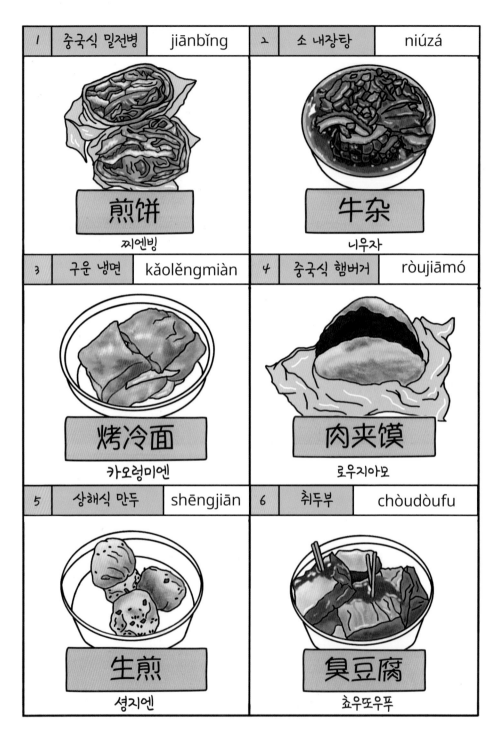

1	중국식 밀전병	jiānbǐng
	煎饼	
	찌엔빙	

2	소 내장탕	niúzá
	牛杂	
	니우자	

3	구운 냉면	kǎolěngmiàn
	烤冷面	
	카오렁미엔	

4	중국식 햄버거	ròujiāmó
	肉夹馍	
	로우지아모	

5	상해식 만두	shēngjiān
	生煎	
	셩지엔	

6	취두부	chòudòufu
	臭豆腐	
	쵸우또우푸	

7	오징어 철판구이	tiěbǎnyóuyú	8	순살 닭튀김	zhájīpái

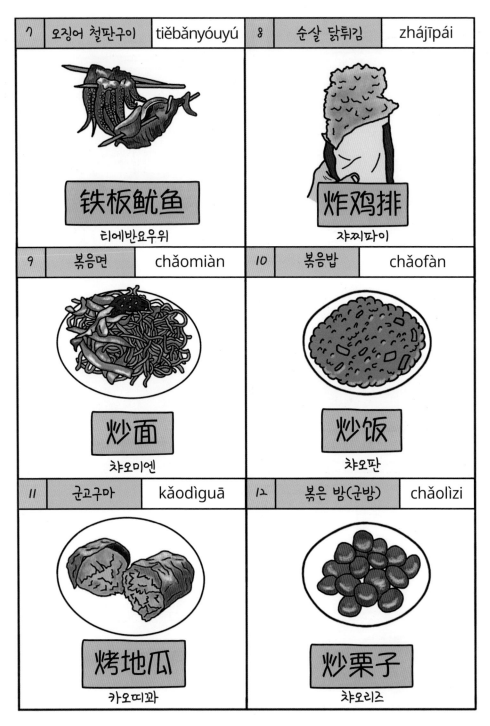

	铁板鱿鱼			**炸鸡排**	
	티에반요우위			쟈찌파이	

9	볶음면	chǎomiàn	10	볶음밥	chǎofàn
	炒面			**炒饭**	
	챠오미엔			챠오판	

11	군고구마	kǎodìguā	12	볶은 밤(군밤)	chǎolìzi
	烤地瓜			**炒栗子**	
	카오띠꽈			챠오리즈	

四。간편식(街头小吃)

저건 뭐지?

사람들이 손에 뭘 들고 다니네.

흐음··· 다들 저 집에서 나오는데.

正宗煎饼

아하!
지엔빙이구나~

와··· 진짜 맛있겠다.

四。간편식 (街头小吃)

그게 뭐예요?

고추기름이에요.
조금 매워요.

2번 조금만 넣어 주세요.

少放点辣酱。
shǎo fàng diǎn làjiàng
(샤오 팡 디엔 라지앙)

난 매운 걸 잘
못 먹으니까···

스윽

툭

5원입니다~

어디 한 번 맛을 볼까?

으음? 이게 무슨 맛이지···?

...

샹차이?
샹차이 빼 달라는
말을 안 했어.

이게 샹차이의 맛이구나.

뭔가 샴푸 맛이···

그래도 바삭하고 매콤,
짭짤한 맛은 좋았어.

四。간편식(街头小吃)

오옷, 저건 뭐지?

냄새 너무 좋은데?

하나 주세요!

하오~

칙

치익

이 타이밍에 외쳐야 해!

29 고수는 넣지 말아 주세요.

不要放香菜。
bú yào fàng xiāngcài
(부 야오 팡 샹차이)

하오하오하오~

쫄깃쫄깃해!

와앙

새콤달콤, 여러 가지
맛이 난다.

四。간편식(街头小吃)

소시지를 넣어 먹으면 더 맛있답니다~

다음엔 재료를 더 많이 넣어서 먹어봐요.

소시지···? 넣어서 하나 더 먹을까···

아··· 네!

아니야, 참자!

이 냄새는 뭐지?

냄새를 따라가보자.

四。간편식 (街头小吃)

이왕 왔으니 도전!

어디 한 번...

음?

생각보다는 매너 있는
꼬릿함인데?

좋은 경험이었다.

길거리 음식이지만
은근히 배부르다.

바쁠 때 한 끼
때우기 딱이네!

디저트로는 뭐가 좋을까?

13	요거트	suānnǎi	14	매실차	suānméitāng

酸奶

쑤안나이

酸梅汤

쑤안메이탕

15	탕후루	tánghúlu	16	사탕수수주스	gānzhezhī

糖葫芦

탕후루

甘蔗汁

깐져쯜

四。간편식(街头小吃)

예쁘다! 과일 꼬치인가 봐.

하나에 얼마예요?

과일 꼬치, 산사열매 꼬치 모두 하나에 6원입니다.

산사열매 꼬치로 하나 주세요.

시큼

첫입은 시큼했는데
점점 달콤해지네!

디저트로 제격이야.

앗 저건!
한눈에 봐도 유제품!

yogurt
4元买十选一

四。간편식(街头小吃)

톡

요거트네!
내일 아침 화장실은
문제없겠어.

다 마셨어요!

내일 아침도
길거리에서 먹어야지~

다음 날

다들 아침 먹고
출근하나 보다.

中国

나는 뭘 먹을까?

두리번

食 時菱

어라, 어제 지나가면서 본 식당이
아침에만 여는 곳이었구나.

四。간편식 (街头小吃)

17	두유	dòujiāng	18	밀가루튀김	yóutiáo

豆浆

또우쟝

油条

요우티아오

19	만둣국	húntun	20	순두부	dòufǔnǎo

馄饨

훈툰

豆腐脑

또우푸나오

21	흰죽	mǐzhōu	22	중국식 크레페	shǒuzhuābǐng

米粥

미죠우

手抓饼

쇼쫘빙

중국인들이 가장 많이
먹는 또우쟝 & 요우티아오
조합으로 시작해보겠어!

아침 먹으러 온
사람으로 가득하다.

또우쟝이랑
요우티아오 주세요.

*단맛 또우쟝은 추가 금액을
내야 하는 곳도 있다.

퐁당

긴 요우티아오를 뚝뚝
잘라서, 또우쟝에~

四。간편식(街头小吃)

단숨에 먹어버렸다.

깨끗

잘 먹었습니다~

그런데 배가 하나도 안 불러···

저건 뭐지?

어제 먹은 지엔빙이랑 비슷하게 생겼다!

하나만 주세요.

안에 무엇이 들어가요?

里面都放了什么？
lǐmian dōu fàng le shénme
(리미엔 또우 팡 러 션머)

기본적으로 상추가 들어가고,

달걀, 베이컨, 소시지, 고기분말, 케첩, 마요네즈 등을 추가할 수 있어요.

그럼··· 달걀, 고기분말, 마요네즈, 그리고···

베이컨 추가할래요.

加一个培根。
jiā yí ge péigēn
(찌아 이 거 페이껀)

四。간편식 (街头小吃)

용원입니다~

와! 이게 제일 맛있다!

32	진짜 맛있다.

真好吃。
zhēn hǎochī
(쪈 하오츨)

★ 소고기 부위 명칭 ★

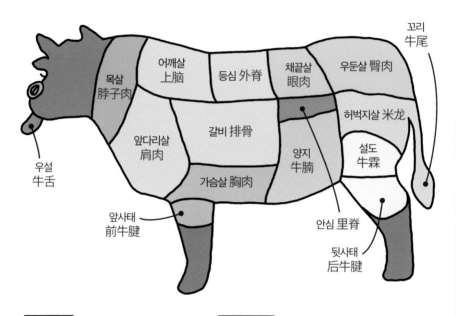

우설	牛舌 niúshé (니우셔)		안심	里脊 lǐjǐ (리지)
목살	脖子肉 bózǐròu (보즈로우)		허벅지살	米龙 mǐlóng (미롱)
어깨살	上脑 shàngnǎo (샹나오)		가슴살	胸肉 xiōngròu (시옹로우)
등심	外脊 wàijǐ (와이지)		양지	牛腩 niúnǎn (니우난)
채끝살	眼肉 yǎnròu (옌로우)		설도	牛霖 niúlín (니우린)
우둔살	臀肉 túnròu (툰로우)		앞사태	前牛腱 qiánniújiàn (치엔니우찌엔)
앞다리살	肩肉 jiānròu (찌엔로우)		뒷사태	后牛腱 hòuniújiàn (호우니우찌엔)
갈비	排骨 páigǔ (파이구)		꼬리	牛尾 niúwěi (니우웨이)

간편식 街头小吃

-단어-

1. 중국식 밀전병 煎饼 [jiānbǐng]
찌 엔 빙

2. 소 내장탕 牛杂 [niúzá]
니 우 자

3. 구운 냉면 烤冷面 [kǎolěngmiàn]
카 오 렁 미 엔

4. 중국식 햄버거 肉夹馍 [ròujiāmó]
로 우 지 아 모

5. 상해식 만두 生煎 [shēngjiān]
셩 지 엔

6. 취두부 臭豆腐 [chòudòufu]
쵸 우 또 우 푸

7. 오징어 철판구이 铁板鱿鱼 [tiěbǎnyóuyú]
티 에 반 요 우 위

8. 순살 닭튀김 炸鸡排 [zhájīpái]
쟈 찌 파 이

9. 볶음면 炒面 [chǎomiàn]
챠오미엔

10. 볶음밥 炒饭 [chǎofàn]
챠 오 판

11. 군고구마 烤地瓜 [kǎodìguā]
카 오 띠 꽈

12. 볶은 밤(군밤) ^{챠 오 리 즈} 炒栗子 [chǎolìzi]

13. 요거트 ^{쑤안나이} 酸奶 [suānnǎi]

14. 매실차 ^{쑤 안 메 이 탕} 酸梅汤 [suānméitāng]

15. 탕후루 ^{탕 후 루} 糖葫芦 [tánghúlu]

16. 사탕수수주스 ^{깐 져 쯜} 甘蔗汁 [gānzhezhī]

17. 두유 ^{또 우 쟝} 豆浆 [dòujiāng]

18. 밀가루튀김 ^{요우티아오} 油条 [yóutiáo]

19. 만둣국 ^{훈 툰} 馄饨 [húntun]

20. 순두부 ^{또 우 푸 나 오} 豆腐脑 [dòufǔnǎo]

21. 흰죽 ^{미 쪼 우} 米粥 [mǐzhōu]

22. 중국식 크레페 ^{쇼 쫘 빙} 手抓饼 [shǒuzhuābǐng]

단어

131

五

일반식 家常菜类

여기는 다롄.

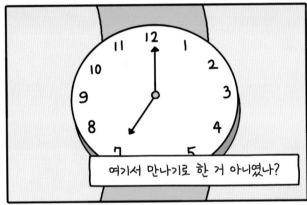

여기서 만나기로 한 거 아니였나?

꼬르륵

왜 아무도 안 왔지...

五。일반식(家常菜类)

33 잠시만 기다려 주세요.

请稍等。
qǐng shāo děng
(칭 샤오 덩)

五。 일반식(家常菜类)

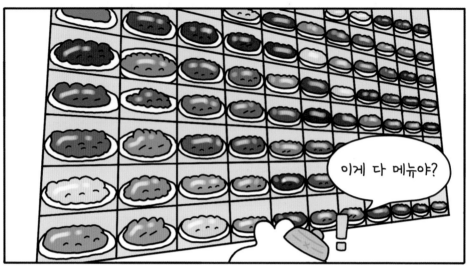

이게 다 메뉴야?

그것뿐만이 아니야.

여기도 있다구~

사진을 보고 주문하면 돼.

아하

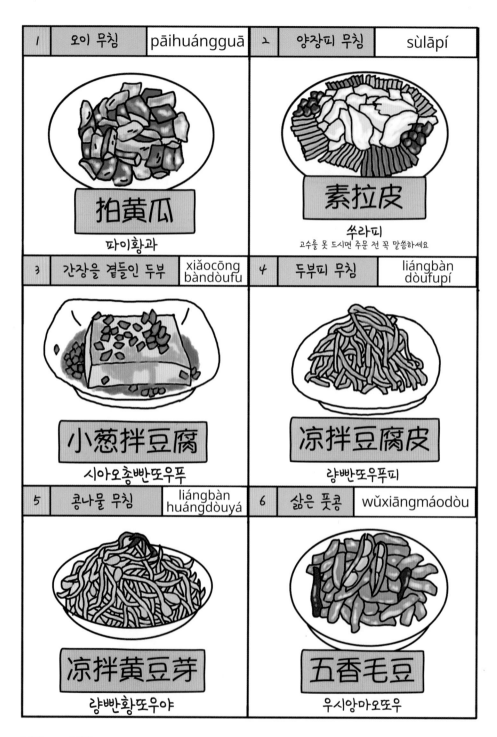

| 1 | 오이 무침 | pāihuángguā | 2 | 양장피 무침 | sùlāpí |

拍黄瓜

파이황과

素拉皮

쑤라피

고수를 못 드시면 주문 전 꼭 말씀하세요

| 3 | 간장을 곁들인 두부 | xiǎocōng bàndòufu | 4 | 두부피 무침 | liángbàn dòufupí |

小葱拌豆腐

시아오총빤또우푸

凉拌豆腐皮

량빤또우푸피

| 5 | 콩나물 무침 | liángbàn huángdòuyá | 6 | 삶은 풋콩 | wǔxiāngmáodòu |

凉拌黄豆芽

량빤황또우야

五香毛豆

우시앙마오또우

주문 팁!

하나,
주문은 차(茶) – 량차이(凉菜) – 르어차이(热菜) – 탕(汤) – 주식(主食) 순으로 해요.

둘,
요리와 밥을 함께 먹고 싶다면 미리 말해야 해요.

7	토마토 계란 볶음	xīhóngshì chǎojīdàn	8	부추 계란 볶음	jiǔcài chǎojīdàn

西红柿炒鸡蛋

시홍스챠오찌단

韭菜炒鸡蛋

지우차이챠오찌단

9	브로콜리 볶음	qīngchǎo xīlánhuā	10	청경채 표고 버섯	yóucài xiānggū

清炒西兰花

칭챠오시란화

油菜香菇

요우차이시앙꾸

11	공심채 볶음	kōngxīncài	12	마늘 유맥채 볶음	suànróng yóumàicài

空心菜

콩신차이

蒜茸油麦菜

쑤안롱요우마이차이

| 13 | 일본 두부 | rìběndòufu | 14 | 마파 두부 | mápódòufu |

13 일본 두부　rìběndòufu

日本豆腐

르번또우푸

14 마파 두부　mápódòufu

麻婆豆腐

마포또우푸

15 지삼선(가지, 감자, 피망 볶음)　dìsānxiān

地三鲜

띠싼시엔

16 감자채 볶음　qīngchǎo tǔdòusī

清炒土豆丝

칭챠오투또우쓰

17 파 목이버섯 볶음　cōngshāo mùěr

葱烧木耳

총샤오무얼

18 가지 조림　hóngshāo qiézi

红烧茄子

홍샤오치에즈

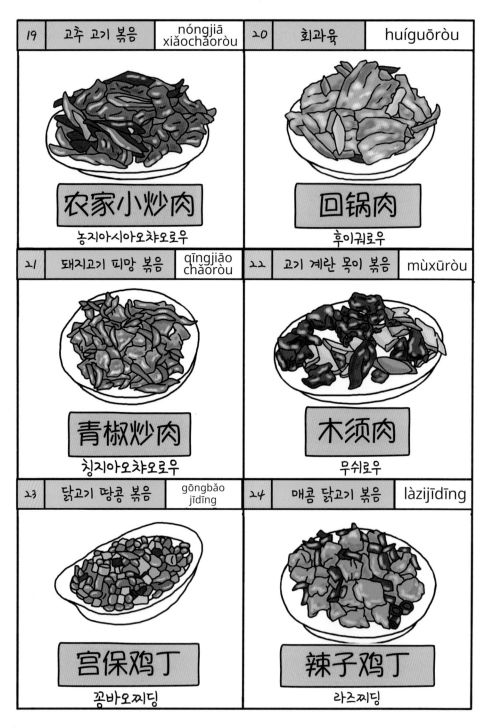

| 19 | 고추 고기 볶음 | nóngjiā xiǎochǎoròu | 20 | 회과육 | huíguōròu |

农家小炒肉

농지아시아오챠오로우

回锅肉

후이궈로우

| 21 | 돼지고기 피망 볶음 | qīngjiāo chǎoròu | 22 | 고기 계란 목이 볶음 | mùxūròu |

青椒炒肉

칭지아오챠오로우

木须肉

무쉬로우

| 23 | 닭고기 땅콩 볶음 | gōngbǎo jīdīng | 24 | 매콤 닭고기 볶음 | làzijīdīng |

宫保鸡丁

꽁바오찌딩

辣子鸡丁

라즈찌딩

| 25 | 어향육사 | yúxiāngròusī | 26 | 경장육사 | jīngjiàngròusī |

鱼香肉丝

위시앙로우쓰

京酱肉丝

찡지앙로우쓰

| 27 | 탕수육 | tángcùlǐjǐ | 28 | 찹쌀 탕수육 | guōbāoròu |

糖醋里脊

탕추리지

锅包肉

궈바오로우

| 29 | 철판 소고기 볶음 | tiěbǎnniúròu | 30 | 후추 큐브 스테이크 | hēijiāo niúròulì |

铁板牛肉

티에반니우로우

黑椒牛肉粒

헤이지아오니우로우리

五。 일반식(家常菜类)

우와~ 이 많은 요리를 한 집에서 판다고?

놀랍지? 중국엔 이런 식당이 아주 많아.

아하

그리고 이런 식당은 대표요리가 있게 마련!

물어보고 시키는 것도 하나의 팁이지.

생선찜입니다.

35 이 집의 대표요리가 무엇인가요?

你们家的招牌菜是什么？
nǐmen jiā de zhāopáicài shì shénme
(니먼 지아 더 쨔오파이차이 슬 션머)

| 31 | 생선탕수 | tángcùyú | 32 | 생선찜 | shuǐzhǔyú |

糖醋鱼
탕추위

水煮鱼
슈이쥬위

| 33 | 생선구이 | kǎoyú |

烤鱼
카오위

헉!

五。일반식(家常菜类)

생선요리는 비싸구나.

생선은 다음에 먹자!

파이황과, 띠싼시엔, 마포또우푸

위시앙로우쓰, 꽁바오찌딩 주세요.

밥도 두 그릇 주세요.

36 밥 먼저 주세요.

先上米饭。
xiān shàng mǐfàn
(시엔 샹 미판)

34	고기완자탕	wánzitāng	35	토마토계란탕	xīhóngshì jīdàntāng

丸子汤

완즈탕

西红柿鸡蛋汤

시홍슬찌단탕

36	김계란탕	zǐcài dànhuātāng	37	버섯배추탕	mógu báicàitāng

紫菜蛋花汤

즈차이딴화탕

蘑菇白菜汤

모구바이차이탕

五。일반식(家常菜类)

토마토계란탕 하나 주세요.

하오~ 마실 것은요?

| 38 | 미지근한 물 | báikāishuǐ | 39 | 생수 | kuàngquánshuǐ |

白开水
바이카이슈이
*달라고 말하기 전에는 주지 않는 끓인 물(무료).

矿泉水
쾅취엔슈이
시중에 판매하는 생수(유료)

40	콜라	kělè	41	스프라이트	xuěbì

可乐

크어르어

雪碧

쉬에삐

마실 건 됐어요.

마실 건 왜 안 시켜?

여기서 먹으면 비싸잖아.

五。일반식(家常菜类)

五。 일반식(家常菜类)

와아!!!

38

군침 돌아!

我都流口水了!
wǒ dōu liú kǒushuǐ le
(워 또우 리우 코우슈이 러)

어서 먹자!

39

따뜻할 때 먹어요.

趁热吃。
chèn rè chī
(쳔 르어 츨)

혀를 얼얼하게 마비시키는 동글동글
작은 녀석을 조심해야겠어.

우리 너무 많이 시킨 것 같아.

포장해달라고 해야겠다.

푸우위엔~

40 남은 거 싸주세요.

请打包一下。
qǐng dǎbāo yíxià
(칭 다빠오 이시아)

정말 잘 먹었다!

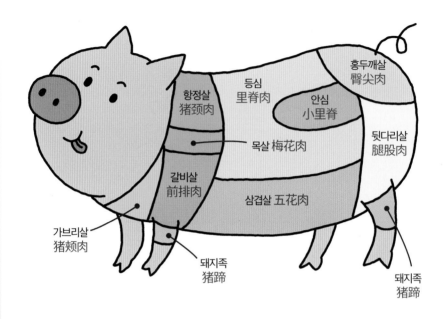

가브리살
猪颊肉

돼지족
猪蹄

항정살
猪颈肉

등심
里脊肉

목살 梅花肉

안심
小里脊

홍두깨살
臀尖肉

뒷다리살
腿股肉

갈비살
前排肉

삼겹살 五花肉

돼지족
猪蹄

항정살	猪颈肉 zhūjǐngròu (쮸징로우)	안심	小里脊 xiǎolǐjǐ (시아오리지)
목살	梅花肉 méihuāròu (메이화로우)	홍두깨살	臀尖肉 túnjiānròu (툰지엔로우)
갈비살	前排肉 qiánpáiròu (치엔파이로우)	뒷다리살	腿股肉 tuǐgǔròu (투이구로우)
가브리살	猪颊肉 zhūjiáròu (쮸지아로우)	삼겹살	五花肉 wǔhuāròu (우화로우)
등심	里脊肉 lǐjǐròu (리지로우)	돼지족	猪蹄 zhūtí (쮸티)

일반식 家常菜类

-단어-

1. 오이 무침 <ruby>拍黄瓜<rt>파 이 황 과</rt></ruby> [pāihuángguā]

2. 양장피 무침 <ruby>素拉皮<rt>쑤 라 피</rt></ruby> [sùlāpí]

3. 간장을 곁들인 두부 <ruby>小葱拌豆腐<rt>시 아 오 총 빤 또 우 푸</rt></ruby> [xiǎocōngbàndòufu]

4. 두부피 무침 <ruby>凉拌豆腐皮<rt>량 빤 또 우 푸 피</rt></ruby> [liángbàndòufupí]

5. 콩나물 무침 <ruby>凉拌黄豆芽<rt>량 빤 황 또 우 야</rt></ruby> [liángbànhuángdòuyá]

6. 삶은 풋콩 <ruby>五香毛豆<rt>우 시 앙 마 오 또 우</rt></ruby> [wǔxiāngmáodòu]

7. 토마토 계란 볶음 <ruby>西红柿炒鸡蛋<rt>시 훙 스 챠 오 찌 단</rt></ruby> [xīhóngshìchǎojīdàn]

8. 부추 계란 볶음 <ruby>韭菜炒鸡蛋<rt>지 우 차 이 챠 오 찌 단</rt></ruby> [jiǔcàichǎojīdàn]

9. 브로콜리 볶음 <ruby>清炒西兰花<rt>칭 챠 오 시 란 화</rt></ruby> [qīngchǎoxīlánhuā]

10. 청경채 표고 버섯 <ruby>油菜香菇<rt>요 우 차 이 시 앙 꾸</rt></ruby> [yóucàixiānggū]

11. 공심채 볶음 <ruby>空心菜<rt>콩 신 차 이</rt></ruby> [kōngxīncài]

12. 마늘 유맥채 볶음 蒜茸油麦菜 [suànróngyóumàicài]
<small>쑤안롱요우마이차이</small>

13. 일본 두부 日本豆腐 [rìběndòufu]
<small>르번 또우 푸</small>

14. 마파 두부 麻婆豆腐 [mápódòufu]
<small>마 포 또우 푸</small>

15. 지삼선(가지, 감자, 피망 볶음) 地三鲜 [dìsānxiān]
<small>띠 싼 시 엔</small>

16. 감자채 볶음 清炒土豆丝 [qīngchǎotǔdòusī]
<small>칭 챠 오 투 또우 쓰</small>

17. 파 목이버섯 볶음 葱烧木耳 [cōngshāomù'ěr]
<small>총 샤 오 무 얼</small>

18. 가지 조림 红烧茄子 [hóngshāoqiézi]
<small>홍 샤오 치 에 즈</small>

19. 고추 고기 볶음 农家小炒肉 [nóngjiāxiǎochǎoròu]
<small>농지아시아오챠오로우</small>

20. 회과육 回锅肉 [huíguōròu]
<small>후 이 궈 로 우</small>

21. 돼지고기 피망 볶음 青椒炒肉 [qīngjiāochǎoròu]
<small>칭지아오챠오로우</small>

22. 고기 계란 목이 볶음 木须肉 [mùxūròu]
<small>무 쉬 로 우</small>

단어

23. 닭고기 땅콩 볶음 宫保鸡丁 [gōngbǎojīdīng]
_{꿍 바 오 찌 딩}

24. 매콤 닭고기 볶음 辣子鸡丁 [làzijīdīng]
_{라 즈 찌 딩}

25. 어향육사 鱼香肉丝 [yúxiāngròusī]
_{위 시 앙 로 우 쓰}

26. 경장육사 京酱肉丝 [jīngjiàngròusī]
_{찡 지 앙 로 우 쓰}

27. 탕수육 糖醋里脊 [tángcùlǐjǐ]
_{탕 추 리 지}

28. 찹쌀 탕수육 锅包肉 [guōbāoròu]
_{궈 바 오 로 우}

29. 철판 소고기 볶음 铁板牛肉 [tiěbǎnniúròu]
_{티 에 반 니 우 로 우}

30. 후추 큐브 스테이크 黑椒牛肉粒 [hēijiāoniúròulì]
_{헤 이 지 아 오 니 우 로 우 리}

31. 생선탕수 糖醋鱼 [tángcùyú]
_{탕 추 위}

32. 생선찜 水煮鱼 [shuǐzhǔyú]
_{슈 이 쥬 위}

33. 생선구이 烤鱼 [kǎoyú]
_{카 오 위}

34. 고기완자탕 丸子汤 [wánzitāng]

35. 토마토계란탕 西红柿鸡蛋汤 [xīhóngshìjīdàntāng]

36. 김계란탕 紫菜蛋花汤 [zǐcàidànhuātāng]

37. 버섯배추탕 蘑菇白菜汤 [mógubáicàitāng]

38. 미지근한 물 白开水 [báikāishuǐ]

39. 생수 矿泉水 [kuàngquánshuǐ]

40. 콜라 可乐 [kělè]

41. 스프라이트 雪碧 [xuěbì]

六

특별식 高档菜品

六。특별식(高档菜品)

六。 특별식(高档菜品)

| 1 | 옥수수 주스 | yùmǐzhī | 2 | 호박 주스 | nánguāzhī |

玉米汁
위미쯜

南瓜汁
난꽈쯜

| 3 | 오렌지 주스 | chéngzhī | 4 | 수박 주스 | xīguāzhī |

橙汁
쳥쯜

西瓜汁
시과쯜

난 옥수수 주스 먹을래!

난 차 마실래.

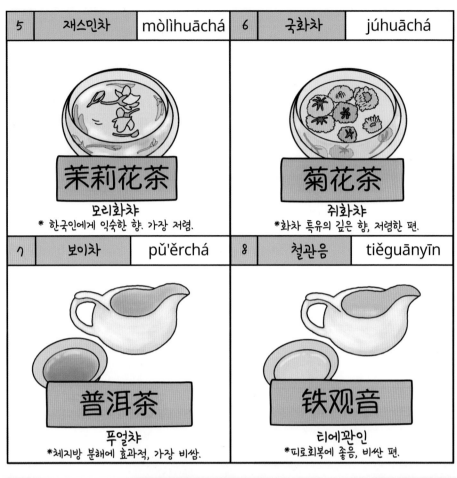

| 5 | 재스민차 | mòlìhuāchá | 6 | 국화차 | júhuāchá |

茉莉花茶

모리화챠
* 한국인에게 익숙한 향. 가장 저렴.

菊花茶

쥐화챠
*화차 특유의 깊은 향, 저렴한 편.

| 7 | 보이차 | pǔ'ěrchá | 8 | 철관음 | tiěguānyīn |

普洱茶

푸얼챠
*체지방 분해에 효과적, 가장 비쌈.

铁观音

티에꽌인
*피로회복에 좋음, 비싼 편.

아이 참~
이 사람들아.

이런 날은 백주를
마셔줘야지!

9	모태주	máotáijiŭ	10	랑주	lángjiŭ

茅台酒

마오타이지우
*중국의 국주(国酒).

郎酒

랑지우
*상남자의 술.

11	수정방	shuǐjǐngfáng	12	공부가주	kǒngfǔjiājiŭ

水井坊

슈이징팡
*한국인이 특히 좋아하는 술.

孔府家酒

콩푸찌아지우
*공자의 술.

그래도 좀 저렴하게, 공부가주로 달려볼까?

자, 이제 요리를 골라봐!

| 13 | 새우 샐러리 무침 | qíncàibànxiārén | 14 | 달콤 연근 요리 | mìzhītángǒu |

芹菜拌虾仁

친차이빤시아런

蜜汁糖藕

미쯜탕오우

| 15 | 파인애플 새우튀김 | bōluó yóutiáoxiā | 16 | 마늘돼지고기롤 | suànní báiròujuǎn |

菠萝油条虾

뽀루오요우티아오시아

蒜泥白肉卷

쑤안니바이로우쥐엔

| 17 | 오리고기로 싼 오리알 노른자 | dànhuángyājuǎn | 18 | 냉편육 모둠 | lǔshuǐpīnpán |

蛋黄鸭卷

딴황야쥐엔

卤水拼盘

루슈이핀판
중국향이 강함

19	게살두부	xièfěndòufu	20	삼선누룽지	sānxiānguōbā

蟹粉豆腐

씨에펀또우푸

三鲜锅巴

싼시엔꿔빠

21	찜닭	sānbēijī	22	오리구이	kǎoyā

三杯鸡

싼뻬이지

烤鸭

카오야

23	동파육	dōngpōròu	24	탕수갈비	tángcùxiǎopái

东坡肉

똥포로우

糖醋小排

탕추시아오파이

25	용정차 민물새우	lóngjǐngxiārén
	龙井虾仁	
	룽징시아런	

26	기름 두른 대하	yóumèndàxiā
	油焖大虾	
	요우먼따시아	

27	탕수새우	zhuāchǎodàxiā
	抓炒大虾	
	쮸아챠오따시아	

六。특별식(高档菜品)

28	게찜	qīngzhēngdàzháxiè	29	술에 담근 게	zuìxiè

清蒸大闸蟹

칭쩡따쟈시에
9~11월이 제철

醉蟹

쭈이시에

30	전복찜	qīngzhēngbàoyú	31	얼음 소라	bīngzhènhuāluó

清蒸鲍鱼

칭쩡빠오위

冰镇花螺

삥쩐화루오

32	말린 생선구이	kǎozǐyú	33	훈제 생선	xūnyú

烤子鱼

카오즈위

熏鱼

쉰위

34	바삭한 생선튀김	cuìpílónglìyú	35	갈치튀김	gànzhádàiyú

脆皮龙利鱼

추이피롱리위
*脆(추이): 바삭하다

干炸带鱼

깐쟈따이위

36	마른 생선조림	gānshāoyú	37	쏘가리찜	qīngzhēngguìyú

干烧鱼

깐샤오위

清蒸桂鱼

칭쩡꾸이위

38	잉어찜	zhēnglǐyú	39	마늘향 잉어	suànxiānglǐyú

蒸鲤鱼

쩡리위

蒜香鲤鱼

쑤안시앙리위

중국 사람들은 생선요리를 굉장히 좋아해.

생선의 중국 발음 '위(鱼 yú)'와, '풍족하다, 여유있다'의 발음
'위(余 yú)'가 같아서 생선요리는 '풍족함'의 의미를 담고 있어.
그래서 명절이나 축하연에서 빠지지 않는 단골 메뉴가 되었지.

생선 조리 방식은 아주 다양해.

- 炸 zhá 튀기기
- 炖 dùn 국물을 부어 오래 끓이기
- 烤 kǎo 굽기
- 焖 mèn 푹 끓이기(삶기)
- 蒸 zhēng 찌기
- 熏 xūn 훈제
- 烧 shāo 조리기
- 清蒸 qīngzhēng 간장 등의 조미료를 넣지 않고 찌기
- 干烧 gānshāo 단술로 맛을 내고 그 국물이 없어질 때까지 약한 불로 조리

조리방법 뒤에 鱼만 붙이면, 어떻게 조리한 생선요리인지 알 수 있다는 점!

주문
하시겠습니까?

43 가리는 것이 있으십니까?

有什么忌口吗?
yǒu shénme jìkǒu ma
(요우 션머 찌코우 마)

없습니다.

이런 식당은 어떻게
알게 된 거야?

거래처 분들이랑
자주 오는 곳이야.

아하~

44 제가 한 잔 올리겠습니다.

我来敬一杯。
wǒ lái jìng yì bēi
(워 라이 찡 이 뻬이)

짠~

45 우리의 우정을 위하여 건배!

为我们的友谊干杯!
wèi wǒmen de yǒuyì gānbēi
(웨이 워먼 더 요우이 깐뻬이)

六。특별식(高档菜品)

46 음식 모두 나왔습니다. 맛있게 드세요.

菜都上齐了。请慢用。
cài dōu shàng qí le qǐng màn yòng
(차이 또우 샹 치 러 칭 만 용)

와~ 이 음식 뭐야?

47 식감이 좋다.

口感很好。
kǒugǎn hěn hǎo
(코우간 헌 하오)

그거 잉어찜이야.

살코기가 아주 탱글탱글한데?

| 40 | 중국식 팥떡 | hóngdòugāo | 41 | 중국식 녹두떡 | lǜdòugāo |

红豆糕

홍또우까오

绿豆糕

뤼또우까오

| 42 | 호박소 도넛 | nánguābǐng | 43 | 팥소 도넛 | hóngdòu yóuzhágāo |

南瓜饼

난꽈빙

红豆油炸糕

홍또우요우쟈까오

| 44 | 미니 과일꼬치 | mínǐtánghúlu | 45 | 과일 모둠 | shuǐguǒpīnpán |

迷你糖葫芦

미니탕후루

水果拼盘

슈이구오핀판

六。특별식(高档菜品)

도넛이랑 과일 주세요.

숨도 못 쉬게 배부르지만 디저트 배는 따로 있지.

다음에 한국에서 보자.

덕분에 오늘 즐거웠어.

그땐 내가 쏠게. 워 칭크어~

★ 양고기 부위 명칭 ★

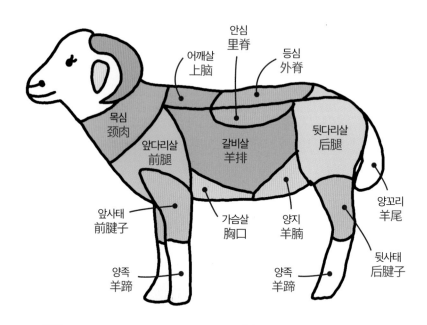

안심
里脊

어깨살
上脑

등심
外脊

목심
颈肉

뒷다리살
后腿

앞다리살
前腿

갈비살
羊排

앞사태
前腱子

가슴살
胸口

양지
羊腩

양꼬리
羊尾

양족
羊蹄

뒷사태
后腱子

양족
羊蹄

목심	颈肉 jǐngròu (징로우)
어깨살	上脑 shàngnǎo (상나오)
안심	里脊 lǐjǐ (리지)
등심	外脊 wàijǐ (와이지)
앞다리살	前腿 qiántuǐ (치엔투이)
뒷다리살	后腿 hòutuǐ (호우투이)
갈비살	羊排 yángpái (양파이)

가슴살	胸口 xiōngkǒu (시옹코우)
양지	羊腩 yángnǎn (양난)
앞사태	前腱子 qiánjiànzi (치엔찌엔즈)
뒷사태	后腱子 hòujiànzi (호우찌엔즈)
양꼬리	羊尾 yángwěi (양웨이)
양족	羊蹄 yángtí (양티)

특별식 高档菜品

-단어-

1. 옥수수 주스 玉米汁 ^{위 미 쯜} [yùmǐzhī]

2. 호박 주스 南瓜汁 ^{난 꽈 쯜} [nánguāzhī]

3. 오렌지 주스 橙汁 ^{청 쯜} [chéngzhī]

4. 수박 주스 西瓜汁 ^{시 과 쯜} [xīguāzhī]

5. 재스민차 茉莉花茶 ^{모 리 화 챠} [mòlìhuāchá]

6. 국화차 菊花茶 ^{쥐 화 챠} [júhuāchá]

7. 보이차 普洱茶 ^{푸 얼 챠} [pǔ'ěrchá]

8. 철관음 铁观音 ^{티 에 꽌 인} [tiěguānyīn]

9. 모태주 茅台酒 ^{마오타이지우} [máotáijiǔ]

10. 랑주 郎酒 ^{랑 지 우} [lángjiǔ]

11. 수정방 水井坊 [shuǐjǐngfáng]

12. 공부가주 孔府家酒 [kǒngfǔjiājiǔ]

13. 새우 샐러리 무침 芹菜拌虾仁 [qíncàibànxiārén]

14. 달콤 연근 요리 蜜汁糖藕 [mìzhītáng'ǒu]

15. 파인애플 새우튀김 菠萝油条虾 [bōluóyóutiáoxiā]

16. 마늘돼지고기롤 蒜泥白肉卷 [suànníbáiròujuǎn]

17. 오리고기로 싼 오리알 노른자 蛋黄鸭卷 [dànhuángyājuǎn]

18. 냉편육 모둠 卤水拼盘 [lǔshuǐpīnpán]

19. 게살두부 蟹粉豆腐 [xièfěndòufu]

20. 삼선누룽지 三鲜锅巴 [sānxiānguōbā]

단어

21. 찜닭 三杯鸡 [sānbēijī]

22. 오리구이 烤鸭 [kǎoyā]

23. 동파육 东坡肉 [dōngpōròu]

24. 탕수갈비 糖醋小排 [tángcùxiǎopái]

25. 용정차 민물새우 龙井虾仁 [lóngjǐngxiārén]

26. 기름 두른 대하 油焖大虾 [yóumèndàxiā]

27. 탕수새우 抓炒大虾 [zhuāchǎodàxiā]

28. 게찜 清蒸大闸蟹 [qīngzhēngdàzháxiè]

29. 술에 담근 게 醉蟹 [zuìxiè]

30. 전복찜 清蒸鲍鱼 [qīngzhēngbàoyú]

31. 얼음 소라 冰镇花螺 [bīngzhènhuāluó]
빙 쪈 화 루 오

32. 말린 생선구이 烤子鱼 [kǎozǐyú]
카 오 즈 위

33. 훈제 생선 熏鱼 [xūnyú]
쉰 위

34. 바삭한 생선튀김 脆皮龙利鱼 [cuìpílónglìyú]
추 이 피 롱 리 위

35. 갈치튀김 干炸带鱼 [gànzhádàiyú]
깐 쟈 따 이 위

36. 마른 생선조림 干烧鱼 [gānshāoyú]
깐 샤 오 위

37. 쏘가리찜 清蒸桂鱼 [qīngzhēngguìyú]
칭 쪙 꾸 이 위

38. 잉어찜 蒸鲤鱼 [zhēnglǐyú]
쪙 리 위

39. 마늘향 잉어 蒜香鲤鱼 [suànxiānglǐyú]
쑤 안 시 앙 리 위

40. 중국식 팥떡 红豆糕 [hóngdòugāo]
홍 또 우 까 오

단어

41. 중국식 녹두떡 绿^뤼豆^{또우}糕^{까오} [lǜdòugāo]

42. 호박소 도넛 南^난瓜^꽈饼^빙 [nánguābǐng]

43. 팥소 도넛 红^홍豆^{또우}油^{요우}炸^쟈糕^{까오} [hóngdòu yóuzhágāo]

44. 미니 과일꼬치 迷^미你^니糖^탕葫^후芦^루 [mínǐtánghúlu]

45. 과일 모둠 水^{슈이}果^{구오}拼^핀盘^판 [shuǐguǒpīnpán]

七

카페 饮料甜点

차 한 잔 마시고 집에 가야지.

저기로 가 볼까.

와! 이렇게 세련된 거리가
있을 줄이야.

七。카페(饮料甜点)

와~ 분위기 좋다.

꽤 오래 전에 지어진 것 같아.

노천 레스토랑도 많고,

여기는 유럽인지 중국인지 헷갈릴
정도로 서양 사람이 많네.

아주 큰 스타벅스도 있어.

七。카페(饮料甜点)

1	에스프레소	nóngsuōkāfēi	2	아메리카노	měishìkāfēi

浓缩咖啡
농쑤오카페이

美式咖啡
메이슬카페이

| 3 | 플랫화이트 | fùruìbái | 4 | 카푸치노 | kǎbùqínuò |

馥芮白
푸루이바이

卡布奇诺
카뿌치누오

| 5 | 카페라떼 | nátiě | 6 | 바닐라라떼 | xiāngcǎonátiě |

拿铁
나티에

香草拿铁
시앙차오나티에

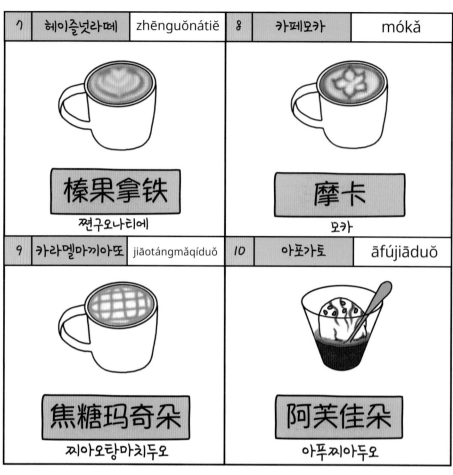

7	헤이즐넛라떼	zhēnguǒnátiě	8	카페모카	mókǎ

榛果拿铁

쩐구오나티에

摩卡

모카

9	카라멜마끼아또	jiāotángmǎqíduǒ	10	아포가토	āfújiāduǒ

焦糖玛奇朵

찌아오탕마치두오

阿芙佳朵

아푸찌아두오

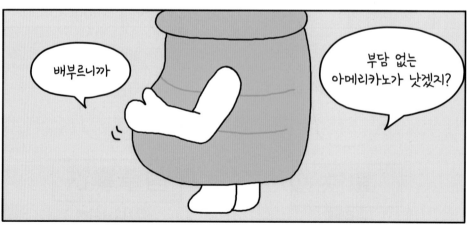

MENU
浓缩咖啡 ······ 20 / 22
美式咖啡 ······ 20 / 22
卡布奇诺 ······ 25 / 28
香草拿铁 ······ 25 / 28

MENU
提拉米苏 ······ 26 / 30
奶油蛋糕 ······ 26 / 30
芒果布丁 ······ 26 / 30
牛奶布丁 ······ 26 / 30

아메리카노 한 잔
주세요.

49 뭘로 드릴까요?

你要喝什么?
nǐ yào hē shénme
(니 야오 흐어 션머)

50 따뜻한 거요, 차가운 거요?

你要热的还是冰的?
nǐ yào rède háishi bīngde
(니 야오 르어더 하이슬 삥더)

따뜻한 걸로
주세요.

| 11 | 숏(스타벅스 기준) | xiǎobēi | 12 | 톨(스타벅스 기준) | zhōngbēi |

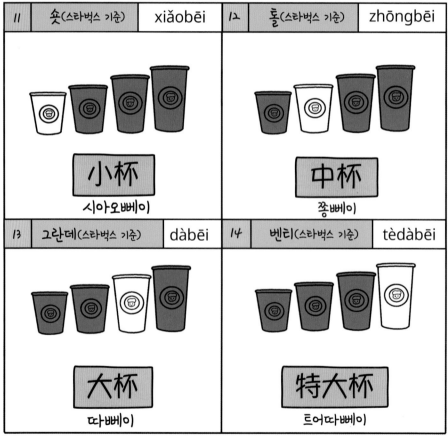

小杯
시아오뻬이

中杯
쫑뻬이

| 13 | 그란데(스타벅스 기준) | dàbēi | 14 | 벤티(스타벅스 기준) | tèdàbēi |

大杯
따뻬이

特大杯
트어따뻬이

| 15 | 그린티라떼 | mǒcháhánátiě | 16 | 민트초코라떼 | bòheqiǎokèlì nátiě |

抹茶拿铁

모챠나티에

薄荷巧克力拿铁

보흐어치아오크어리나티에

| 17 | 핫초코 | rèkěkě | 18 | 레몬티 | níngméngchá |

热可可

르어크어크어

柠檬茶

닝멍챠

| 19 | 잉글리쉬 블랙퍼스트리 | yīngshì zǎocānchá | 20 | 얼그레이티 | bójuéchá |

英式早餐茶

잉슬자오찬챠

伯爵茶

보쥐에챠

다 마셔보고 싶은데,
지금은 너무 배불러.

아메리카노 나왔습니다.

어디···

호로록

七。카페(饮料甜点)

어머!

맛있다!

커피 한 모금 하니까
케이크가 격렬히 땡겨.

500kcal

먹으면 살찌겠지?

에잇, 모르겠다!

21	브라우니	bùlǎngní	22	티라미수	tílāmǐsū

布朗尼

뿌랑니

提拉米苏

티라미수

23	생크림케이크	nǎiyóudàngāo	24	치즈케이크	zhīshìdàngāo

奶油蛋糕

나이요우딴까오

芝士蛋糕

쯜슬딴까오

25	스콘	sīkāngbǐng	26	에그타르트	dàntǎ

司康饼

스캉빙

蛋挞

딴타

27	와플	huáfūbǐng

华夫饼

화푸빙

28	샌드위치	sānmíngzhì

三明治

싼밍쯜

29	망고푸딩	mángguǒbùdīng

芒果布丁

망구오뿌띵

30	우유푸딩	niúnǎibùdīng

牛奶布丁

니우나이뿌띵

31	마카롱	mǎkǎlóng

马卡龙

마카롱

32	쿠키	qūqí

曲奇

취치

와아···

치즈케이크랑
와플 하나 주세요.

와플 위에는 크림 올려드릴까요,
아이스크림 올려드릴까요?

MENU
浓缩咖啡 ···· 4.0/4.5
美式咖啡 ···· 3.5/4.0
卡布奇诺 ···· 4.5/5.0
香草拿铁 ···· 5.0/5.5

MENU
提拉米苏 ···· 7.0
奶油蛋糕 ···· 7.5

53

크림 올려주세요.

我要放奶油。
wǒ yào fàng nǎiyóu
(워 야오 팡 나이요우)

七。카페(饮料甜点)

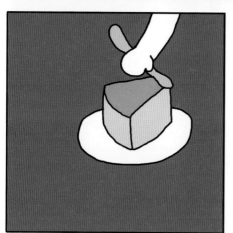

SNS에 올려야겠어.

앗! 와이파이가 필요해.

56 와이파이 비밀번호는 10988입니다.

wi-fi密码是10988。
mìmǎ shì yāo líng jiǔ bā bā
(미마 슬 야오 링 지우 빠 빠)

무료 와이파이 비밀번호가 뭐예요?

아, 행복해.

업로드 완료~

집에 갈 땐 시원한 음료 사서 가야지.

33	오렌지에이드	chéngzhīqìshuǐ	34	자몽에이드	xīyòuqìshuǐ

橙汁汽水

청쯜치슈에이

西柚汽水

시요우치슈에이

35	청포도에이드	qīngpútáoqìshuǐ	36	플레인요거트스무디	yuánwèi suānnǎiguǒxī

青葡萄汽水

칭푸타오치슈에이

原味酸奶果昔

위엔웨이쑤안나이구오시

37	딸기요거트스무디	cǎoméi suānnǎiguǒxī	38	아이스크림	bīngqílín

草莓酸奶果昔

차오메이쑤안나이구오시

冰淇淋

삥치린

七。카페(饮料甜点)

다음에 또 오세요~

중국에서의 마지막
밤이네. 정말 아쉽다.

★ 닭고기 부위 명칭 ★

닭간 鸡肝

닭봉 鸡根

닭목 鸡脖

날갯살 鸡翅

가슴살 鸡胸肉

다릿살 鸡腿

허벅다리 鸡腿块(鸡块)

닭발 鸡爪

닭목	鸡脖 jībó 찌보
닭봉	鸡根 jīgēn 찌껀
날갯살	鸡翅 jīchì 찌츨
닭간	鸡肝 jīgān 찌깐
가슴살	鸡胸肉 jīxiōngròu 찌시옹로우
허벅다리	鸡腿块(鸡块) jītuǐkuài (jīkuài) 찌투이콰이(찌콰이)
다릿살	鸡腿 jītuǐ 찌투이
닭발	鸡爪 jīzhuǎ 찌쥬아

카페 饮料甜点

-단어-

1. 에스프레소 <ruby>浓<rt>농</rt></ruby><ruby>缩<rt>쑤오</rt></ruby><ruby>咖<rt>카</rt></ruby><ruby>啡<rt>페이</rt></ruby> [nóngsuōkāfēi]

2. 아메리카노 <ruby>美<rt>메이</rt></ruby><ruby>式<rt>슬</rt></ruby><ruby>咖<rt>카</rt></ruby><ruby>啡<rt>페이</rt></ruby> [měishìkāfēi]

3. 플랫화이트 <ruby>馥<rt>푸</rt></ruby><ruby>芮<rt>루이</rt></ruby><ruby>白<rt>바이</rt></ruby> [fùruìbái]

4. 카푸치노 <ruby>卡<rt>카</rt></ruby><ruby>布<rt>뿌</rt></ruby><ruby>奇<rt>치</rt></ruby><ruby>诺<rt>누오</rt></ruby> [kǎbùqínuò]

5. 카페라떼 <ruby>拿<rt>나</rt></ruby><ruby>铁<rt>티에</rt></ruby> [nátiě]

6. 바닐라라떼 <ruby>香<rt>시앙</rt></ruby><ruby>草<rt>차오</rt></ruby><ruby>拿<rt>나</rt></ruby><ruby>铁<rt>티에</rt></ruby> [xiāngcǎonátiě]

7. 헤이즐넛라떼 <ruby>榛<rt>쩐</rt></ruby><ruby>果<rt>구오</rt></ruby><ruby>拿<rt>나</rt></ruby><ruby>铁<rt>티에</rt></ruby> [zhēnguǒnátiě]

8. 카페모카 <ruby>摩<rt>모</rt></ruby><ruby>卡<rt>카</rt></ruby> [mókǎ]

9. 카라멜마끼아또 <ruby>焦<rt>찌아오</rt></ruby><ruby>糖<rt>탕</rt></ruby><ruby>玛<rt>마</rt></ruby><ruby>奇<rt>치</rt></ruby><ruby>朵<rt>두오</rt></ruby> [jiāotángmǎqíduǒ]

10. 아포가토 <ruby>阿<rt>아</rt></ruby><ruby>芙<rt>푸</rt></ruby><ruby>佳<rt>찌아</rt></ruby><ruby>朵<rt>두오</rt></ruby> [āfújiāduǒ]

11. 숏(스타벅스 기준) 小杯 [xiǎobēi]
시아오뻬이

12. 톨(스타벅스 기준) 中杯 [zhōngbēi]
쫑뻬이

13. 그란데(스타벅스 기준) 大杯 [dàbēi]
따뻬이

14. 벤티(스타벅스 기준) 特大杯 [tèdàbēi]
트어따뻬이

15. 그린티라떼 抹茶拿铁 [mǒchánátiě]
모챠나티에

16. 민트초코라떼 薄荷巧克力拿铁 [bòheqiǎokèlìnáti]
보흐어치아오크어리나티에

17. 핫초코 热可可 [rèkěkě]
르어크어크어

18. 레몬티 柠檬茶 [níngméngchá]
닝멍챠

19. 잉글리쉬 블랙퍼스트티 英式早餐茶 [yīngshìzǎocānchá]
잉슬자오찬챠

20. 얼그레이티 伯爵茶 [bójuéchá]
보쥐에챠

21. 브라우니 布朗尼 [bùlǎngní]

22. 티라미수 提拉米苏 [tílāmǐsū]

23. 생크림케이크 奶油蛋糕 [nǎiyóudàngāo]

24. 치즈케이크 芝士蛋糕 [zhīshìdàngāo]

25. 스콘 司康饼 [sīkāngbǐng]

26. 에그타르트 蛋挞 [dàntǎ]

27. 와플 华夫饼 [huáfūbǐng]

28. 샌드위치 三明治 [sānmíngzhì]

29. 망고푸딩 芒果布丁 [mángguǒbùdīng]

30. 우유푸딩 牛奶布丁 [niúnǎibùdīng]

31. 마카롱 马卡龙 [mǎkǎlóng]

32. 쿠키 曲奇 [qūqí]

33. 오렌지에이드 橙汁汽水 [chéngzhīqìshuǐ]

34. 자몽에이드 西柚汽水 [xīyòuqìshuǐ]

35. 청포도에이드 青葡萄汽水 [qīngpútáoqìshuǐ]

36. 플레인요거트스무디 原味酸奶果昔 [yuánwèisuānnǎiguǒxī]

37. 딸기요거트스무디 草莓酸奶果昔 [cǎoméisuānnǎiguǒxī]

38. 아이스크림 冰淇淋 [bīngqílín]

단어

실전용 식당 회화

1. 어서오세요.
> 欢迎光临。
[huānyíngguānglín]
환잉꽝린

2. 몇 분이세요?
> 您几位?
[nín jǐ wèi]
닌 지 웨이

3. 혼자예요.
> 我一个。
[wǒ yí ge]
워 이 거

4. 이쪽으로 오세요.
> 这边请。
[zhè biān qǐng]
쪄 비엔 칭

5. 여기요~
> 服务员~
[fúwùyuán]
푸우위엔

6. 계산해주세요.
> 买单。
[mǎidān]
마이딴

희화

7. 얼마예요?
> **多少钱?**
  [duōshaoqián]
  뚜오샤오치엔

8. 다음에 또 오세요.
> **欢迎下次光临。**
  [huānyíng xià cì guānglín]
  환잉 시아 츠 꽝린

9. 메뉴판 좀 주세요.
> **请给我菜单。**
  [qǐng gěi wǒ càidān]
  칭 게이 워 차이딴

10. 생맥주 있나요?
> **有扎啤吗?**
  [yǒu zhāpí ma]
  요우 쟈피 마

11. 없습니다.
> **没有。**
  [méiyǒu]
  메이요우

12. 맥주 한 병 주세요. 시원한 것으로요!
> **来一瓶啤酒, 冰的!**
  [lái yì píng píjiǔ bīng de]
  라이 이 핑 피지우, 삥더

13. 사장님~
> 老板~
[lǎobǎn]
라오반

14. 맥주 한 병 더 주세요.
> 再来一瓶啤酒。
[zài lái yì píng píjiǔ]
짜이 라이 이 핑 피지우

15. 현금으로 계산할게요.
> 我要付现金。
[wǒ yào fù xiànjīn]
워 야오 푸 시엔찐

16. 배가 터질 것 같아.
> 撑死我了。
[Chēng sǐ wǒ le]
청 스 워 러

17. 뭘 먹어야 할까?
> 该要吃什么?
[gāi yào chī shénme]
까이 야오 츨 션머

18. 준비 완료!
> 准备好了!
[zhǔnbèi hǎo le]
준뻬이 하오 러

19. 맛있겠다~
> # 好香啊~
[hǎo xiāng a]
하오 시앙 아

20. 얼마나 기다려야 해요?
> # 要等多久?
[yào děng duōjiǔ]
야오 덩 뚜오지우

21. 앗 뜨거워!
> # 太烫了!
[tài tàng le]
타이 탕 러

22. 이거 어떻게 먹는 거예요?
> # 这个怎么吃?
[zhè ge zěnme chī]
쩌 거 전머 츨?

23. 감사합니다. 정말 감사해요.
> # 谢谢, 多谢。
[xièxie duōxiè]
씨에씨에 뚜오씨에

24. 여기서 드세요, 아니면 가져가세요?
> # 在这儿吃还是带走?
[zài zhèr chī háishi dàizǒu]
짜이 쩔 츨 하이슬 따이조우

25. 배고파 죽겠다.

> **饿死了。**
[è sǐ le]
으어 쓰 러

26. 한 개 주세요.

> **给我一个。**
[gěi wǒ yí ge]
게이 워 이 거

27. 이거 원해요?

> **要不要这个?**
[yào bu yào zhè ge]
야오 부 야오 쩌 거

28. 조금만 넣어 주세요.

> **少放点辣酱。**
[shǎo fàng diǎn làjiàng]
샤오 팡 디엔 라지앙

29. 고수는 넣지 말아주세요.

> **不要放香菜。**
[bú yào fàng xiāngcài]
부 야오 팡 샹차이

30. 안에 무엇이 들어가요?

> **里面都放了什么?**
[lǐmian dōu fàng le shénme]
리미엔 또우 팡 러 션머

31. 베이컨 추가할래요.
> 加一个培根。
  [jiā yí ge péigēn]
  찌아 이 거 페이껀

32. 진짜 맛있다.
> 真好吃。
  [zhēn hǎochī]
  쩐 하오츨

33. 잠시만 기다려 주세요.
> 请稍等。
  [qǐng shāo děng]
  칭 샤오 덩

34. 저를 따라오세요.
> 请跟我来。
  [qǐng gēn wǒ lái]
  칭 껀 워 라이

35. 이 집의 대표요리가 무엇인가요?
> 你们家的招牌菜是什么?
  [nǐmen jiā de zhāopáicài shì shénme]
  니먼 지아 더 짜오파이차이 슬 션머

36. 밥 먼저 주세요.
> 先上米饭。
  [xiān shàng mǐfàn]
  시엔 샹 미판

37. 배에서 꼬르륵 소리가 나.

> **肚子咕噜咕噜叫。**
[dùzi gūlūgūlū jiào]
뚜즈 꾸루꾸루 찌아오

38. 군침 돌아!

> **我都流口水了!**
[wǒ dōu liú kǒushuǐ le]
워 또우 리우 코우슈이 러

39. 따뜻할 때 먹어요.

> **趁热吃。**
[chèn rè chī]
쳔 르어 츨

40. 남은 거 싸주세요.

> **请打包一下。**
[qǐng dǎbāo yíxià]
칭 다빠오 이시아

41. 손님은 주시는 대로 먹겠습니다.

> **客随主便。**
[kè suí zhǔ biàn]
크어 쑤이 쥬 비엔

42. 마음껏 시켜. 오늘은 내가 쏜다!

> **随便点。今天我请客!**
[suíbiàn diǎn jīntiān wǒ qǐng kè]
쑤이비엔 디엔 찐티엔 워 칭 크어

43. 가리는 것이 있으십니까?

> # 有什么忌口吗?
[yǒu shénme jìkǒu ma]

요우 션머 찌코우 마

44. 제가 한 잔 올리겠습니다.

> # 我来敬一杯。
[wǒ lái jìng yì bēi]

워 라이 찡 이 뻬이

45. 우리의 우정을 위하여 건배!

> # 为我们的友谊干杯!
[wèi wǒmen de yǒuyì gānbēi]

웨이 워먼 더 요우이 깐뻬이

46. 음식 모두 나왔습니다. 맛있게 드세요.

> # 菜都上齐了。请慢用。
[cài dōu shàng qí le qǐng màn yòng]

차이 또우 샹 치 러 칭 만 용

47. 식감이 좋다.

> # 口感很好。
[kǒugǎn hěn hǎo]

코우간 헌 하오

48. 이 고기 진짜 연하다!

> # 这个肉真嫩!
[zhè ge ròu zhēn nèn]

쩌 거 로우 쩐 넌

49. 뭘로 드릴까요?

> 你要喝什么?

[nǐ yào hē shénme]

니 야오 흐어 션머

50. 따뜻한 거요, 차가운 거요?

> 你要热的还是冰的?

[nǐ yào rède háishi bīngde]

니 야오 르어더 하이슬 삥더

51. 톨사이즈로 할게요.

> 中杯吧。

[zhōngbēi ba]

쫑뻬이 바

52. 시럽 넣어드릴까요?

> 你要加糖吗?

[nǐ yào jiā táng ma]

니 야오 찌아 탕 마

53. 크림 올려주세요.

> 我要放奶油。

[wǒ yào fàng nǎiyóu]

워 야오 팡 나이요우

54. 리필 되나요?

> 可以续杯吗?

[kěyǐ xùbēi ma]

크어이 쉬뻬이 마

55. 물은 저쪽에 있습니다.

> # 开水在那边。
[kāishuǐ zài nàbiān]

카이슈이 짜이 나비엔

56. 와이파이 비밀번호는 10988 입니다.

> # wi-fi密码是10988。
[mìmǎ shì yāo líng jiǔ bā bā]

미마 슬 야오 링 지우 빠 빠

당신의 맛있는 여행에 도움이 될 수 있기를 바라며…

초판 1쇄 펴낸 날 | 2018년 6월 29일
초판 3쇄 펴낸 날 | 2019년 9월 27일

지은이 | 배정현, 양은지
그린이 | 조유리
펴낸이 | 홍정우
펴낸곳 | 브레인스토어

책임편집 | 이슬기
편집진행 | 양은지
디자인 | 이유정
마케팅 | 이수정

주소 | (04035) 서울특별시 마포구 양화로7안길 31(서교동, 1층)
전화 | (02)3275-2915~7
팩스 | (02)3275-2918
이메일 | brainstore@chol.com
페이스북 | http://www.facebook.com/brainstorebooks

등록 | 2007년 11월 30일(제313-2007-000238호)

© 브레인스토어, 배정현, 양은지, 조유리, 2018
ISBN 979-11-88073-20-7(03720)

이 도서의 국립중앙도서관 출판예정도서목록(CIP)은 서지정보유통지원시스템 홈페이지
(http://seoji.nl.go.kr)와 국가자료공동목록시스템(http://www.nl.go.kr/kolisnet)에서 이용
하실 수 있습니다.(CIP제어번호: CIP2018016874)